O AMOR
NOS VÊ

@editoraquadrante
@editoraquadrante
@quadranteeditora
Quadrante

FRANCISCO FAUS

O AMOR NOS VÊ

2ª edição

QUADRANTE

São Paulo
2024

Copyright © 2024 Quadrante Editora

Capa
Gabriela Haeitmann

Dados Internacionais de Catalogação na Publicação (CIP)

Faus, Francisco

O amor nos vê / Francisco Faus. – 2ª ed. – São Paulo : Quadrante Editora, 2024.

ISBN: 978-85-7465-724-0

1. Bíblia - Ensinamentos 2. Deus (Cristanismo) - Adoração e amor 3. Evangelhos 4. Fé (Cristinianismo) 5. Jesus Cristo - Ensinamentos 6. Vida cristã. I. Título

21-86668   CDD 248.4

Índice para catálogo sistemático:
1. Evangelho : Vida cristã : Cristianismo 248.4

Eliete Marques da Silva - Bibliotecária - CRB-8/9380

Todos os direitos reservados a
QUADRANTE EDITORA
Rua Bernardo da Veiga, 47 - Tel.: 3873-2270
CEP 01252-020 - São Paulo - SP
www.quadrante.com.br / atendimento@quadrante.com.br

Sumário

Introdução 7

1. Tu és Simão 9
    Vocação 11
    Missão 12

2. Eu te vi 15

3. Vendo a fé que tinham 19

4. Levantou os olhos e falou 25

5. Viu também uma viúva pobre 29

6. Vês alguma coisa? 33

7. Viu um cego de nascença 37

8. Vês esta mulher? 43

9. Deixai-a. Por que a aborreceis? 49

10. Jesus fitou-o com amor 53

11. Jesus o viu ali deitado 57

12. Olhando-os com indignação................................. 63

13. Mulher, onde estão eles? 67

14. Eles ficaram calados... 73

15. Ao vê-la, encheu-se de compaixão........................ 77

16. E tu não quiseste 83

17. Tudo é possível para quem crê 89

18. Sentada aos pés do Senhor................................... 93

19. Simão, dormes? 99

20. Voltando-se Jesus, fixou o olhar em Pedro.............. 103

21. Hoje estarás comigo 107

22. Eis a tua Mãe... 111

23. Levaram o meu Senhor... 115

24. O último olhar de Jesus.. 121

Introdução

O Espírito Santo fala muitas vezes na Bíblia do "olhar de Deus". Revela-nos assim que Deus não é distante, nem desinteressado, como se, tendo coroado a sua obra com a criação do homem, já não ligasse mais para as suas criaturas (cf. Gn 1, 26-27.31). Pelo contrário, *o Senhor olha dos céus e vê todos os filhos dos homens* (Sl 33, 13).

Como nos vê? O profeta Samuel, quando, da parte de Deus, foi escolher e ungir Davi como rei, disse: *O homem vê a face, mas o Senhor olha o coração* (1 Sm 16, 7).

No livro de Jeremias, lemos palavras aplicáveis ao olhar de Deus: *Eu te amei com um amor eterno, por isso guardo para ti tanta ternura* (Jr 31, 3). E, no de Isaías: *Eu te chamei pelo teu nome. Tu és meu!* (Is 43, 1).

Neste livro, meditaremos sobre o olhar de Deus tal qual o contemplamos no olhar de Jesus, pois o olhar de Cristo nos mostra o olhar de Deus Pai. Lembre-se do que Ele nos disse: *Eu e o Pai somos um* (Jo 10, 30); *quem me vê, vê o Pai* (Jo 14, 9).

O Evangelho mostra-nos em quase todas as suas páginas *como* é que Jesus, Deus feito homem, olha para os homens, as mulheres, as crianças... Por isso, é no Evangelho que podemos compreender o olhar divino, contemplando-o – próximo, cálido, cheio de amor e de ternura – no olhar de Cristo.

Cada capítulo deste livro quer ser como um *flash* que capta, numa cena particular do Evangelho, alguns aspectos desse olhar, consciente de que cada um dos olhares de Jesus exprime sentimentos do seu Coração – sentimentos que Ele continua a ter agora quando olha para você, para mim, para todos.

Peço a Deus que essas meditações nos ajudem a conhecer melhor Jesus, a amá-Lo mais e a ganhar uma amizade cada vez maior com Ele.

1.
Tu és Simão
(Jo 1, 40-42)

O Evangelho menciona muitos olhares de Jesus que são particulares, dirigidos a uma só pessoa, mas que contêm uma luz válida para todos os cristãos.

Um desses olhares deu-se no primeiro encontro de Jesus com Pedro, narrado no capítulo inicial do Evangelho de São João.

Como é que Pedro conheceu Jesus? Foi apresentado a Ele pelo seu irmão André, que, juntamente com João, acabara de passar umas horas em conversa com o Senhor. André saíra dali entusiasmado e quis que seu irmão Simão conhecesse Cristo.

São João narra assim este episódio: André *encontrou primeiro seu irmão Simão e lhe falou: "Encontramos o Messias!" (que quer dizer Cristo), e conduziu-o até Jesus. Olhando para ele, Jesus disse-lhe: "Tu és Simão, filho de João. Tu te chamarás Cefas (que quer dizer Pedro)".*

Nesse encontro, Jesus mostrou a Simão duas coisas que viriam a encher de luz a sua vida.

Primeiro, Pedro percebeu que, sem se terem encontrado nunca, Jesus o conhecia, o olhava com carinho, estava familiarizado com seu nome. É como se lhe dissesse, como a Jeremias: *Eu te amei com um amor eterno* (Jr 31, 3).

Em segundo lugar, Jesus revelou-lhe que o tinha escolhido para cumprir uma missão divina, definida pelo nome novo que lhe atribuiu: *pedra*, Pedro (*kefa*, em aramaico). Mais tarde, lhe explicitará claramente: *Eu te digo que tu és Pedro, e sobre esta pedra edificarei a minha Igreja* (Mt 16, 18).

Qual é a luz, válida para todos os cristãos, que podemos descobrir neste episódio?

Antes de mais nada, que Jesus olha sempre para cada um de nós, que tem nosso nome gravado no seu Coração. Ele nos ama em particular: não somos para Ele um número entre uma multidão; tem para cada um uma escolha, uma *vocação*, que envolve uma *missão*. Nenhum de nós é – como escrevia Ratzinger – "como um planeta fora do seu campo gravitacional, vagando sem rumo pelo nada". Deus não cria filhos "para nada", mas "por amor" e "para *algo"*. Assim disse Bento XVI na Missa do início do seu pontificado:

> Só quando encontramos em Cristo o Deus vivo, conhecemos o que é a vida... Cada um de nós é querido, cada um de nós é amado, cada um é necessário. Não há nada mais belo do que ser alcançados, surpreendidos por Cristo. Não há nada de mais belo do que conhecê-Lo e comunicar com os outros a Sua amizade.

Vocação

Receber a graça do Batismo significa ser chamado por Deus a nos tornarmos seus filhos – e *filhos muito amados* (Ef 5,1). *Vede*, escreve São João, *que prova de amor nos deu o Pai, que sejamos chamados filhos de Deus. E nós o somos!* (1 Jo 3, 1).

Que consequências tem isso? Ouça São Paulo: *Deus Pai nos escolheu em Cristo, antes da fundação do mundo, para sermos santos e irrepreensíveis diante dele, no amor* (Ef 1, 4). "Todos os homens", comentava São Josemaria Escrivá, "são amados por Deus, de todos espera amor. De todos. Sejam quais forem as suas condições pessoais, sua posição social, sua profissão ou ofício... Todos os caminhos da terra podem ser ocasião de um encontro com Cristo, que nos chama à identificação com Ele para realizarmos – no lugar onde estivermos – a sua missão divina".

Missão

Somos filhos de Deus, *membros da família de Deus* (Ef 2, 19), e participamos da missão salvadora dessa "família", que é a Igreja. Não somos alheios aos planos redentores de Deus nem só espectadores deles: fazemos parte ativa. Para isso, Deus a muitos chama – é sua vocação – a santificar-se como esposos e pais, construindo um ideal cristão de família; a outros, como sacerdotes ou religiosos, servindo com toda a alma a Deus e aos irmãos; a alguns, como leigos que se dedicam a Ele trabalhando no meio do mundo, empenhados em santificar todas as tarefas honestas, em fazer do trabalho e dos deveres cotidianos um caminho de santificação e de apostolado.

São Josemaria resumia em poucas palavras a união indissolúvel que existe entre a vocação do cristão e a sua missão no mundo: "Abraçar a fé cristã é comprometer-se a continuar entre as criaturas a missão de Jesus. Cada um de nós tem que ser outro Cristo, o próprio Cristo. Só assim podemos empreender essa tarefa grande, imensa, interminável: santificar por dentro todas as estruturas temporais, levando até elas o fermento da Redenção" (*É Cristo que passa*, n. 183).

Peçamos luz a Deus: "*Senhor, que eu veja*! (Mc 10, 51). Eu sei que me olhas, que pronuncias o meu nome e me estendes a mão; ajuda-me a enxergar a minha vocação cristã e a corresponder a ela generosamente; ajuda-me a cumprir com alegria a missão que me confias. Que eu não passe pela vida inutilmente, sem deixar fruto nem rastro!".

2.
Eu te vi
(Jo 1, 43-50)

No capítulo primeiro do Evangelho de São João, lemos que Jesus, um dia depois de seu primeiro encontro com Pedro, *resolveu partir para a Galileia e encontrou Filipe. Jesus disse-lhe: "Segue-me".* Filipe acolheu de alma aberta o chamado e, topando com seu conterrâneo e amigo Natanael, confiou-lhe*: "Encontramos aquele de quem escreveram Moisés, na Lei, e os profetas: Jesus, o filho de José, de Nazaré!".*

Filipe, tal como acontecera com André depois de conhecer Jesus, ficou cativado por Ele e sentiu a necessidade de partilhar a sua felicidade com os que queria bem. Por isso, abriu-se com seu amigo

Natanael (também chamado Bartolomeu, isto é, "filho de Tolomeu").

Pertenciam eles a uma turma de galileus que tinha descido da sua terra, ao norte da Palestina, até a margem oriental do rio Jordão, na Pereia, onde João Batista, o profeta que atraía multidões, estivera ministrando um *batismo de penitência* e chamando todos à conversão: *Preparai o caminho do Senhor. O Messias já está no meio de nós.*

Na passagem do Evangelho que comentamos, Filipe comunicou a Natanael o seu achado, e este reagiu com rudeza: *"De Nazaré pode sair algo de bom?"*. *Filipe respondeu: "Vem e vê"*. Natanael, apesar de cético, aceitou o convite de boa-fé e foi com Filipe ao encontro de Jesus.

> *Jesus viu Natanael que vinha ao seu encontro e declarou a respeito dele: "Este é um verdadeiro israelita, no qual não há falsidade". Natanael exclamou: "De onde me conheces?". Jesus respondeu: "Antes que Filipe te chamasse, quando estavas debaixo da figueira, eu te vi". Natanael exclamou: "Rabi, tu és o Filho de Deus, tu és o Rei de Israel!"* (Jo 1, 43-49).

Esse diálogo dá matéria para meditar.

Em primeiro lugar, mostra-nos que, aos olhos de Deus, a nossa alma, sempre e em todo lugar, é transparente, escancarada. Ele *vê a verdade no fundo do coração* (Sl 51, 7). Não a vê como um fiscal "caçador"

2. EU TE VI

de falhas, mas como Pai e Amigo, disposto a ajudar-nos a fazer da nossa vida uma participação no Amor infinito que Ele é.

Isso foi o que Natanael percebeu quando Jesus lhe disse: [...] *debaixo da figueira, eu te vi*. Só Ele sabia daquelas preocupações íntimas que, sentado sob a árvore, o afligiam e que Natanael não havia comentado com ninguém. É possível que, naquela meditação solitária, tenha sentido a insatisfação do que já tinha vivido e a incerteza sobre os horizontes do futuro. Esses seus sentimentos íntimos, só Deus podia conhecê-los – ou, então, alguém a quem Deus os tivesse revelado. Daí a sua reação emotiva: *"Tu és o Filho de Deus!"*.

Se nos sobrevêm vertigens de consciência parecidas com as de Natanael, se em momentos de insônia ou solidão angustiada sentimos o mal-estar da alma descontente, pensemos que Jesus nos vê com tanta clareza como enxergou o coração de Natanael. Reconheçamos, então, que nos faz uma falta imensa falar com Ele – na oração, na Comunhão –, abrir-nos totalmente, pedir-Lhe que nos mostre a "verdade" sobre nós mesmos e ilumine o que espera de nós no futuro.

O diálogo em que estamos meditando mostra também o valor da sinceridade. Desde o começo, Natanael aparece como uma pessoa aberta, franca, até espontânea demais. Quando Jesus o louva, não aceita facilmente o agrado. Pergunta com certa rudeza: "*De onde me conheces?*" Essa franqueza é a que Jesus louva: "*Nele não há falsidade*". Vê aí um coração livre de enganos, descomplicado. Tão sincero foi Natanael no seu comentário negativo inicial como o será depois, ao abrir-se generosamente a Cristo: "*Tu és o Filho de Deus, tu és o Rei de Israel!*".

Peçamos a Deus a virtude da sinceridade. Trata-se de uma porta imprescindível para que Ele possa entrar na nossa alma. Sem ela, viveremos no escuro. Como nos faz bem a sinceridade na oração, no exame de consciência, na confissão e na direção espiritual...

3.
Vendo a fé que tinham
(Mc 2, 1-12; Mt 9, 1-8)

Jesus, no começo de sua pregação pública, esteve um bom tempo morando em Cafarnaum, cidade situada à margem noroeste do lago de Genesaré (também chamado lago de Tiberíades ou mar da Galileia). Lá, nessa época, residia provavelmente em casa de Pedro. Sua fama já era grande. Verdadeiras multidões o procuravam, cativadas por sua pregação: *Homem algum falou como esse homem* (Jo, 7, 46); e pelos seus milagres: *Hoje vimos coisas maravilhosas* (Lc 5, 26).

Certo dia, estando Jesus em casa, *reuniu-se uma tal multidão, que não podiam encontrar lugar, nem mesmo junto à porta. E ele os instruía.* Aconteceu, então, um fato insólito. *Trouxeram-lhe um paralítico, carregado*

O AMOR NOS VÊ

por quatro homens. Como não pudessem apresentá-lo por causa da multidão, descobriram o teto por cima do lugar onde Jesus se achava e, por uma abertura, desceram o leito onde jazia o paralítico.

É incrível. O doente e seus quatro amigos tinham tal confiança em Jesus que nada os deteve. Não podiam entrar na casa? Pois bem: subiram pela escada externa, que quase todas as casas tinham, até o terraço que servia de teto, carregando o paralítico e sua padiola.

A maioria desses tetos, na região, era fácil de abrir, pois tratava-se de construções leves, feitas de ramagem, caniços e alguma telha, tudo coberto de argila. Dito e feito. Levantam cuidadosamente parte do teto e, pelo buraco e com cordas, à maneira de um elevador, descem a maca rústica em que jaz o doente.

É fácil imaginar o espanto de todos. E é maravilhoso imaginar o que descreve o Evangelho: o sorriso de Jesus, face a face com o paralítico que é descido e que O encara com olhos ardendo de esperança.

Ali Jesus, *vendo a fé daquela gente*, pronuncia a palavra que ninguém esperava: *Meu filho, coragem! Teus pecados te são perdoados.*

Perplexidade geral. Será que não tinham feito tão complicada operação apenas com o intuito de obter a cura? Era o que todos esperavam! Mas Jesus sabe, e quer nos mostrar, que o único "mal" que pode destruir a alma e o corpo de um homem, de uma mulher,

3. VENDO A FÉ QUE TINHAM

é o pecado, o afastamento culpável de Deus e a perda da Sua graça. O resto é secundário. *Que adianta ao homem ganhar o mundo inteiro, se vier a perder a sua alma, a sua vida?* (Mt 16, 26).

Mas as palavras desconcertantes de Cristo sobre o perdão dos pecados, ao mesmo tempo que causam estranheza à maioria, provocam o furor de uns poucos escribas que lá se encontram. *Ouvindo isso, murmuravam entre si: "Este homem blasfema. Quem pode perdoar pecados, senão só Deus?".*

Jesus, porém, penetrando logo com seu espírito nos seus pensamentos, disse-lhes: "Por que pensais isso nos vossos corações? Que é mais fácil dizer ao paralítico: 'Os teus pecados te são perdoados', ou dizer: 'Levanta-te, toma o teu leito e anda'? Ora, para que saibais que o Filho do Homem tem na terra o poder de perdoar os pecados: "Levanta-te", disse ele ao paralítico, "toma a tua maca e volta para a tua casa". No mesmo instante, ele se levantou e, tomando o leito, foi-se embora à vista de todos. Vendo isto, a multidão encheu-se de profunda admiração e glorificou a Deus por ter dado tal poder aos homens.

Façamos agora uma pausa para meditar. Pense que Jesus, que *vive sempre para interceder em nosso favor* (Hb 7,25), está pousando em você (e em mim, em todos) o seu olhar de bondade infinita, ansioso por poder dizer-nos: *Tem coragem, meu filho, minha filha, teus pecados te são perdoados.*

Será que você esqueceu que Deus se fez homem e veio ao mundo para nos salvar dos pecados? O cristianismo nasceu e se difundiu pelo mundo inteiro com essa certeza de fé: *Eis uma verdade absolutamente certa e digna de fé*, escrevia São Paulo: *Jesus Cristo veio a este mundo para salvar os pecadores* (1 Tm 1, 15).

É isso o que nosso Senhor mais deseja: que, cheios de fé e arrependidos, possamos ficar livres da paralisia dos nossos pecados – desses pecados que travam o amor, que amarram a esperança ao pó da terra, que nos enclausuram no orgulho, que semeiam injustiças, que acorrentam as almas ao egoísmo e aos vícios da sensualidade desordenada e da intemperança... "Não esqueças, meu filho", lemos no livro *Caminho*, "que para ti, na terra, só há um mal que deves temer e, com a graça divina, evitar: o pecado" (n. 386).

Ao lado disso, nesta cena Jesus começa a anunciar a maravilha do sacramento da misericórdia, o qual vai instituir logo após a ressurreição. Trata-se do sacramento da reconciliação, da confissão: *o Filho do homem tem na terra o poder de perdoar os pecados.* É Jesus quem nos perdoa pessoalmente quando nos confessamos, é Ele quem diz, pela boca do sacerdote, seu instrumento vivo: "Eu te absolvo dos teus pecados".

Sem suspeitar do alcance de suas palavras, o povo que assistiu ao milagre *glorificou a Deus por ter dado*

3. VENDO A FÉ QUE TINHAM

tal poder aos homens. Jesus confirmou que este era mesmo o desígnio de Deus quando, na manhã do domingo da Ressurreição, em seu primeiro encontro com os apóstolos, *soprou sobre eles e lhes disse: "Recebei o Espírito Santo. Aqueles a quem perdoardes os pecados, ser-lhes-ão perdoados; aqueles aos quais não perdoardes, ser-lhes-ão retidos"* (Jo 20, 22-23). Deus conferiu, sim, tal poder aos homens.

Depois disso, esquivar-nos-emos do olhar misericordioso de Jesus, que nos aguarda no sacramento da confissão? Decidamo-nos a abrir a alma, como os amigos do paralítico abriram o teto, e coloquemo-nos diante de Jesus, fazendo – não uma vez, mas muitas – uma boa confissão. Encher-nos-emos de paz ao ouvir Cristo dizer-nos: "Meu filho, minha filha, teus pecados te são perdoados".

4.
Levantou os olhos e falou
(Lc 19, 1-10)

Tendo entrado em Jericó, Jesus atravessava a cidade. Seguia-O um bom número de pessoas, às quais se uniram bastantes moradores da cidade, desejosos de ver o profeta, aquele *rabi* de que tanto se falava. Formou-se assim uma aglomeração, que ia abrindo filas à medida que o Senhor avançava.

Acompanhemos a narração de São Lucas. *Vivia ali um homem rico, chamado Zaqueu, que era chefe de publicanos.*

Provavelmente você sabe que os publicanos eram muito malquistos, e por duas razões: porque arrecadavam impostos para os dominadores estrangeiros, os romanos; e porque muitos deles tinham fama merecida de corruptos.

Zaqueu, que não era dos mais limpos, procurava ver Jesus. Movia-o a curiosidade. Queria poder dizer depois: "Eu o vi quando passava por aqui". *Procurava ver Jesus e não podia, por causa da multidão, por ser de pequena estatura.* Punha-se nas pontas dos pés e não enxergava. Então, *correndo à frente, subiu a um sicômoro para vê-lo, porque devia passar por ali.*

Você já entrou na cena e a está acompanhando com a imaginação. Vê o publicano Zaqueu dado pulinhos para olhar por cima das cabeças dos demais. Como não conseguisse, teve a ideia de se encarapitar numa figueira, um sicômoro, árvore alta frequente na região. Lá estava ele, instalado num galho como um moleque.

Quando Jesus chegou àquele local, levantou os olhos e disse: "Zaqueu, desce depressa, pois tenho de me hospedar em tua casa".

Surpresa! Jesus, que jamais tinha visto Zaqueu, detém-se, ergue a vista, chama-o pelo nome e convida-se a pousar em sua casa. Não custa imaginar o escândalo dos fariseus. *Murmuravam entre si, dizendo que tinha ido hospedar-se em casa de um pecador.*

Uma das características dos fariseus, e que Jesus fustigou, é que *se tinham por justos e desprezavam os demais* (Lc 18, 9). Nós contemplamos a atitude de Jesus e nos comovemos. "Senhor, Tu não desprezas

4. Levantou os olhos e falou

ninguém, nunca me desprezarás a mim, por mais que eu tenha atitudes e comportamentos desprezíveis, abomináveis até. Por isso, a minha esperança em Teu amor não poderá morrer nunca".

Mais uma vez comprovamos que estamos gravados no Coração de Jesus com nosso nome próprio. E que não somos nós que O procuramos (mesmo quando achamos que assim foi), mas é sempre Ele que nos procura, vindo até nós ou inspirando o nosso coração a correr atrás dEle.

Zaqueu, desce depressa! Ele desceu a toda pressa e recebeu-o alegremente...; de pé diante do Senhor, disse-lhe: "Senhor, vou dar a metade dos meus bens aos pobres, e, se tiver defraudado alguém, restituirei o quádruplo".

Jesus não só não desprezou o publicano Zaqueu, como o procurou e o tratou como a um amigo de confiança. A alegria que sentiu Zaqueu também a sentirá você quando – no meio das confusões da vida –, notar que algo novo lhe está acontecendo, que Cristo vem chegando, que o olha com predileção e lhe quer bem, apesar das suas misérias. Não demore! *Desce depressa!*

Desça depressa da árvore da sua inércia, do galho das suas desculpas, do seu medo de assumir compromissos, do receio de ser "diferente" dos seus colegas ou companheiros. Mude! Comece preparando uma boa confissão e procurando o apoio de quem o possa orientar.

A hora certa é "hoje". *Depressa*. Procrastinar, deixar para um amanhã indefinido, é a mesma coisa que dizer não a Deus. Tenha a coragem de "nascer de novo" (cf. Jo 3, 3-4) – vida nova! – com magnanimidade, com a grandeza de coração de Zaqueu: *darei quatro vezes mais*, disposto a fazer com alegria e generosidade o que até então tinha omitido e desprezado.

Na alma que se abre a Cristo irrompe, como aconteceu com Zaqueu, uma alegria enorme, desconhecida. Nascem ânsias de um amor grande, acende-se a vontade de reparar a nossa estupidez, o mal que fizemos e o bem que deixamos de fazer. Foi isso o que aconteceu com ele.

Jesus sorriu, olhou para Zaqueu com carinho e falou: *Hoje entrou a salvação nesta casa... Pois o Filho do Homem veio procurar e salvar o que estava perdido.* Não gostarias tu de que Jesus te olhasse assim?

5.
Viu também uma viúva pobre
(Mc 12, 41-44)

Jesus estava em Jerusalém, na sua última subida à Cidade Santa. *Sentado em frente ao Tesouro do Templo, observava como a multidão lançava pequenas moedas no Tesouro; e muitos ricos lançavam muitas moedas. Vindo uma viúva pobre, lançou duas moedinhas...*

Mais de uma vez, revivendo essa cena, alguns autores espirituais imaginam como deve ter se sentido aquela pobrezinha. Abriu a bolsa quase vazia. Tirou o que tinha: duas moedinhas de ínfimo valor. Olhou-as na palma da mão e ofertou ao Templo de Deus uma das moedas. Após uns segundos de hesitação, decidiu-se a dar tudo e lançou a segunda.

O AMOR NOS VÊ

Jesus, *chamando a si os discípulos, disse-lhes: "Em verdade vos digo que esta pobre viúva lançou mais do que todos os que ofereceram moedas ao Tesouro. Pois todos os outros deram do que lhes sobrava; ela, porém, da sua penúria, ofereceu tudo o que tinha, tudo o que possuía para viver".*

Continuando a imaginar a cena, concentre-se na pequena figura da viúva que se retira de olhar abaixado, um pouco envergonhada por ter dado tão pouco.

No entanto, essa generosidade humilde e discreta despertou no Coração de Jesus uma alegria imensa, um verdadeiro entusiasmo. Jesus não se conteve. Chamou logo os discípulos para se aproximarem. Venham, vejam! E fez o belo louvor que o Evangelho recolhe.

Jesus sempre nos vê, a você e a mim, como à viúva. Perguntemo-nos agora: "Quantas alegrias como as que a velhinha provocou eu fiz brotar no coração de Cristo?".

Podemos imitá-la? É claro que podemos imitá-la. Todos podemos praticar as duas belas virtudes que nela contemplamos.

Primeiro, a *generosidade*. Somos generosos quando, em muitas coisas (muitas mais do que uma simples esmola), vamos além do que uma pessoa "sensata" acharia razoável. Somos generosos quando a fé e o amor nos levam a fazer "loucuras" pequenas, e às vezes grandes, por amor a Deus e ao próximo: na vida

5. VIU TAMBÉM UMA VIÚVA POBRE

espiritual, na vida familiar, no trabalho, no serviço aos outros, no apostolado...

Pense que Jesus nos deu tudo. Sua entrega por nós na Cruz, unida à Sua entrega total na Eucaristia, se a compreendemos, dá arrepios.

Depois, como segunda virtude que poderíamos e deveríamos aprender da viúva pobre, encontra-se a discrição humilde com que fez um grande sacrifício. Aprendamos a não dar importância ao que fazemos, a não nos sentirmos "mártires", a não esperar nem exigir reconhecimento, a achar que fizemos pouco. Numa palavra, amemos o que São Josemaria chamava – falando do exemplo de Nossa Senhora – o "sacrifício escondido e silencioso" (*Caminho*, n. 509).

Assim foi a vida de Nossa Senhora, "Mestra do sacrifício escondido e silencioso". Durante trinta anos, no lar de Nazaré, deu o máximo do seu amor nas pequenas coisas do dever cotidiano, como também o faziam Jesus e José. Havia, naquela casa modesta, muita entrega calada e cheia de amor. E, por isso, muita alegria.

O livro da *Imitação de Cristo* põe na boca de Jesus estas palavras: "Grande coisa é o amor! É um bem verdadeiramente inestimável, que por si só torna suave o que é difícil e suporta sereno toda a adversidade. Porque leva a carga sem lhe sentir o peso e torna o amargo doce e saboroso... O amor tende sempre para as alturas" (livro III, cap. 5).

Não vê que é isso o que Deus nos pede?

Quantos "serviços ocultos" fiz hoje (pequenas tarefas, como pôr ordem em algumas coisas que outros desarrumaram, preparar o que facilita o trabalho alheio, acordar mais cedo para evitar que outros tenham de fazê-lo)? Quanto sacrifício fiz sem me envaidecer nem me achar "o sacrificado", sem comentá-lo nem reclamar?

Quantas vezes, no dia de hoje, tive vontade de me queixar e, em vez disso, ofereci a Deus o que me aborrecia, pedindo-Lhe a graça de cobrir com um sorriso o meu sacrifício?

Quantas vezes me adiantei a ir à farmácia, ao supermercado etc., sem que ninguém me pedisse, só para evitar que outros tivessem de fazê-lo?

A alegria do olhar de Jesus, ao contemplar a viúva pobre, tem muito a nos dizer.

6.
Vês alguma coisa?
(Mc 8, 22-26)

O Evangelho relata várias curas de cegos feitas por Jesus. Esses milagres eram um sinal, anunciado já pelo profeta Isaías, de que o Messias havia chegado ao mundo: *Os cegos veem, os coxos andam, os leprosos ficam limpos...* (Mt 11, 5).

Ao mesmo tempo, cada cura de cego era um símbolo da outra cura, mais profunda, que Cristo veio trazer à humanidade: a cura da cegueira espiritual. *Eu vim* – dirá Jesus – *para que os que não veem, vejam* (Jo 9, 39).

Várias vezes, essas curas de cegos foram instantâneas. Por exemplo, saindo um dia de Jericó, dois deles suplicaram a Jesus: *Senhor, que os nossos olhos se abram! Movido de compaixão, Jesus tocou-lhes os olhos e, imediatamente, eles viram* (Mt 20, 33-34).

Nos nossos dias também, vendo Jesus a cegueira espiritual de muitos corações perdidos no meio da noite escura do mundo – com frequência por ignorância sem culpa –, faz o milagre de lhes acender num instante a luz da fé na alma.

Assim aconteceu, por exemplo, com o jornalista e escritor André Frossard, ateu "hereditário", filho do primeiro secretário-geral do Partido Comunista Francês. "Éramos", escreveu, "ateus perfeitos, desses que nem sequer questionam seu ateísmo... Como explicar, então, que possa ter acontecido que, ao entrar com indiferença numa igreja – ateu pacífico e isento de preocupações –, tenha saído minutos depois gritando por dentro, de alegria, que a verdade era tão formosa, com uma beleza tão grande que era, às vezes, difícil acreditar nela..., impaciente por compartilhar a minha felicidade com a terra inteira..., convencido enfim de que não havia neste mundo tarefa mais digna, mais doce, mais necessária e mais urgente que a de louvar a Deus, louvá-Lo por ser Ele quem é".

Há, porém, outras curas de cegos que são realizadas por Jesus mediante um processo progressivo, que encerra toda uma pedagogia divina. Neste e no próximo capítulo, meditaremos brevemente em duas delas.

6. VÊS ALGUMA COISA?

Comecemos pela cura do cego de Betsaida, povoado situado ao norte do mar da Galileia, que era a terra dos apóstolos Pedro, André e Filipe (cf. Jo 1, 44).

Chegaram a Betsaida e trouxeram-lhe um cego, suplicando-lhe que o tocasse. Tomou o cego pela mão e conduziu-o para fora da aldeia. Depois, deitou-lhe saliva nos olhos e, impondo-lhe as mãos, perguntou-lhe: "Vês alguma coisa?". Ele ergueu os olhos e respondeu: "Vejo homens, pois vejo como árvores que caminham". Em seguida, impôs-lhe novamente as mãos sobre os olhos, e ele viu perfeitamente, ficando curado e distinguindo tudo com nitidez.

Trata-se de uma cura em duas etapas. Primeiro passo: por graça de Cristo, o cego começa a ver algo; enxerga umas sombras que se mexem, "como árvores ambulantes", e conclui que seriam pessoas.

O processo de conversão de muitos começa com um primeiro passo: levados, sem o sabermos, pela mão de Cristo (mão que, no caso, é o Espírito Santo), vislumbramos a verdade da fé cristã ainda no meio de muitas sombras. No entanto, já começa a despontar alguma claridade. Trata-se de um primeiro alvorecer, mas será preciso que nos deixemos conduzir, sem soltarmos a mão do Senhor – ou seja, rezando –, para que Ele nos ajude a dar o segundo passo: conhecer pouco a pouco, cada vez com maior *nitidez* e profundidade, a verdade da fé cristã.

Isso significa que é preciso decidir-nos a procurar uma formação cristã séria e contínua. Ler, estudar e meditar as verdades cristãs com constância, sem nunca parar – ler e meditar assiduamente a Bíblia, sobretudo os Evangelhos, o *Catecismo da Igreja Católica*, bons livros de doutrina e de espiritualidade, vidas de santos... E aproveitar a facilidade com que hoje a internet nos oferece palestras, *lives* e cursos de formação excelentes (nem todos o são) com doutrina certa, não contaminada pelos erros generalizados.

Você não acha que Jesus põe agora os olhos em si, que lhe estende a mão e lhe pergunta, como ao cego de Betsaida: *Vês alguma coisa?* Talvez Lhe responda: "Ainda pouco". O Senhor, então, o animará a assumir uma vida espiritual bem estruturada, em que a doutrina vá se tornando vida e vá ficando, assim, cada vez menos confusa, mais *nítida*.

7.
Viu um cego de nascença
(Jo 9, 1-11; 35-38)

Este segundo episódio aconteceu junto do Templo de Jerusalém. Lá Jesus encontrou um rapaz cego, que pedia esmola.

Jesus ia passando quando viu um cego de nascença. O Senhor parou, fixou os olhos nele e, após um breve diálogo com os discípulos, disse: *Enquanto estou no mundo, sou a luz do mundo. Dito isto, cuspiu no chão, fez lama com a saliva e aplicou-a aos olhos do cego. Disse-lhe então: "Vai lavar-te na piscina de Siloé (que significa Enviado)". O cego foi, lavou-se e voltou enxergando.*

Desde os primeiros séculos, os estudiosos da Bíblia viram nessa cura um símbolo do Batismo:

a água do Sacramento lava a alma, o "Enviado" é Cristo, os olhos que se abrem são o sinal do dom da fé que o Batismo infunde na alma, dando-lhe a capacidade de ver e entender as coisas de Deus.

Tudo isso parece claro. Mas não é esse o ponto em que queria meditar agora.

Gostaria, antes, de atrair sua atenção para o estranho "colírio" que Jesus empregou: poeira do chão pisado, amassada com cuspe. Mais de um, ao ouvir a leitura desse Evangelho, encolheu o nariz e comentou: "Que coisa suja! Por que fez isso?". Jesus bem sabia que alguns se escandalizariam ante essa forma de curar! Mas, se o fez, foi para o nosso bem.

Você nunca ouviu o comentário de alguém com pouca fé que, diante da recomendação de uma confissão, retruca: "Eu? Confessar-me com um homem como eu, ou pior do que eu?". Ou, então: "Não vou à Igreja, não acredito na Igreja. Já estou farto de saber histórias de bispos e padres aproveitadores, ambiciosos, imorais, corruptos...".

Acho que Deus poderia dizer duas coisas aos que pensam e falam assim.

Primeira: "Você, que julga assim, será que conhece as biografias de milhares, milhões de santos e santas que foram filhos da Igreja, que floresceram nela, cultivados, ensinados e alimentados espiritualmente por ela? Por que só vê as sombras, quando as luzes são infinitamente maiores?". E depois: "Você

7. Viu um cego de nascença

não sabia que Deus trabalha – desde a criação do homem – com barro?". Deus trabalha com o pobre barro humano ("És pó e ao pó hás de voltar"), com criaturas humanas como nós, cheias de falhas e misérias, mas são pessoas que, apesar de tudo, Ele escolhe como instrumentos seus. Com este "barro", faz milagres.

Sim. Cristo age pessoalmente por meio do barro desses pobres "instrumentos vivos": por eles, mediante o Batismo, nos transforma em filhos de Deus, infunde-nos a força do Espírito Santo na Crisma, perdoa os nossos pecados na Confissão, dá-nos seu Corpo e Sangue como alimento na Eucaristia, fala-nos por meio da Liturgia e do Magistério da Igreja...

São Paulo sabia disso muito bem. Ele, que Deus convertera fazendo brilhar em seu coração a Verdade como o clarão de um relâmpago, ele que difundiu incansavelmente essa luz por meio mundo, escrevia: *Deus, que disse: "Do meio das trevas brilhe a luz", fez brilhar a luz em nossos corações, para que resplandeça o conhecimento da glória divina, que está na face de Jesus Cristo. Mas nós trazemos esse tesouro em vasos de barro, para que todos reconheçam que este poder extraordinário vem de Deus e não de nós* (2 Cor 4, 6-7). O que importa na vida da Igreja é a certeza de que, nela, Deus age, mesmo através de instrumentos frágeis e "sujos".

O AMOR NOS VÊ

A cura do rapaz cego de nascença é uma história que São João conta em muitos detalhes no capítulo nono do seu Evangelho. Recomendo-lhe vivamente que o leia devagar. Vale a pena. Nas críticas que o pobre cego recebe, você descobrirá coisas muito "atuais".

No entanto, antes de terminar esta meditação, gostaria de comentar apenas algumas palavras do final do capítulo. O cego, pelo fato de ter dito a verdade, de ter insistido uma e outra vez diante dos fariseus – "fiscais" céticos que o interrogavam –, dizendo que Jesus tinha feito mesmo o milagre, foi expulso da comunidade. *Jesus ficou sabendo que o tinham expulsado. Quando o encontrou, perguntou-lhe: "Tu crês no Filho do Homem* (expressão que designava o Messias)*? Ele respondeu: "Quem é, Senhor, para que eu creia nele?". Jesus disse: "Tu o estás vendo: é aquele que está falando contigo". Ele exclamou: "Eu creio, Senhor!". E ajoelhou-se diante de Jesus.*

Pense que Jesus talvez lhe pergunte agora: você está disposto a ter a simplicidade de coração do cego, que não hesitou em receber barro sujo nos olhos e ir à piscina para se lavar? Está disposto a deixar Deus agir, mesmo que Ele esteja "trabalhando com barro"? Você tem aquele grande amor à verdade que o cego tinha: *Quem é, para que eu creia nele?* Está disposto a buscar incansavelmente e aceitar a

7. VIU UM CEGO DE NASCENÇA

verdade, mesmo que meio mundo se lhe oponha e o contradiga com seus "argumentos", assim como tentaram fazer com ele os fariseus?

Lembre-se sempre da simplicidade, da coragem e da constância do jovem cego de Jerusalém.

8.
Vês esta mulher?
(Lc 7, 36-50)

Quanto à cena que vamos contemplar agora, há anos descrevi-a como se tivesse o ritmo de uma sequência cinematográfica[1]. A objetiva – dizia – focaliza a sala de um banquete do qual Jesus participa; a seu lado, o dono da casa, o fariseu Simão, que *convidara Jesus a ir comer com ele*. À volta, outros convivas, que, pelas vestes e ares, mostram ser gente importante do lugar.

De repente há um "corte". A câmera apanha a entrada da sala, que dá para a rua, e vai acompanhando, em primeiro plano, a figura de uma mulher que

---

(1) Cf. *Lágrimas de Cristo, lágrimas dos homens*, Quadrante, São Paulo, 2017.

irrompe apressadamente, carregando um pequeno vaso de alabastro cheio de perfume, enquanto soluça de modo incontido. Nem repara nos olhares dos convidados, que fulminam a intrusa indesejável por ser uma *pecadora da cidade*: ela corre até Jesus e cai-lhe, por trás, aos pés. *E ficando por detrás, aos pés dele, chorava, e com as lágrimas começou a banhar-lhe os pés, a enxugá-los com os cabelos, a cobri-los de beijos e a ungi-los com perfume.*

Agora a câmera percorre, em semicírculo, o rosto de Simão e dos seus amigos. Estão pasmados, e já neles se desenha o trejeito hipócrita do escândalo. O que Simão pensa, sem se atrever a falar, traduz o que anda na mente de todos: *Se este homem fosse profeta, saberia bem quem é a mulher que o toca; porque é pecadora.* Para Simão, já é uma afronta a invasão da sua casa por aquela mulher desprezível, mas maior afronta ainda é que Cristo a tolere e não a ponha sumariamente para fora.

Ora, Jesus, que *sabe bem o que há no coração do homem* (Jo 2, 25), penetra nos pensamentos do anfitrião e inicia uma lição mansamente:

— *Simão, tenho uma coisa a dizer-te.*

— *Fala, Mestre.*

— *Um credor tinha dois devedores: um devia-lhe quinhentos denários e o outro, cinquenta. Não tendo eles com que pagar, perdoou a ambos a dívida. Qual deles o amará mais?*

8. VÊS ESTA MULHER?

Simão não entende muito bem a "charada", mas entende de contas e também não é tolo, de modo que responde:

— *A meu ver, aquele a quem ele mais perdoou.*

— *Julgaste bem* — tornou-lhe Jesus.

Neste ponto, a câmera, tendo como plano central o rosto e os lábios de Cristo, oscila alternadamente entre as figuras da mulher e do fariseu, numa sequência cheia de dramatismo.

Cristo começa a falar. Seu olhar está voltado para a mulher; as palavras que pronuncia dirigem-se a Simão:

— *Vês esta mulher? Entrei em tua casa e não me deste água para lavar os pés; mas esta, com as suas lágrimas, regou-me os pés e enxugou-os com os seus cabelos...*

Vai ficando muito claro o confronto que Cristo, suavemente, pretende fazer entre as descortesias do pretenso "limpo" e as delicadezas da julgada "suja".

— *Não me deste* — continua — *o ósculo da saudação; mas esta, desde que entrou, não cessou de beijar-me os pés. Não me ungiste a cabeça com óleo* (uma das atenções com os hóspedes que não era incomum entre os orientais); *mas esta, com perfume, ungiu-me os pés.*

Pronto. O confronto está claríssimo, nítido. Qual será a conclusão?

— *Por isso te digo: seus numerosos pecados lhe foram perdoados, porque ela demonstrou muito amor. Mas aquele a quem pouco foi perdoado pouco ama.*

Em seguida, disse à mulher:

— *Teus pecados estão perdoados... Tua fé te salvou: vai em paz.*

No livro que mencionei acima, a meditação se centrava no arrependimento, na dor dos pecados — dor de amor! — que aquela mulher revela, no desejo de reparar e de agradecer a Jesus sua misericórdia. Esses são temas de fundo em que ainda meditaremos a partir de outras cenas.

Neste capítulo, desejaria apenas fixar a atenção na importância que Jesus dá às delicadezas, a essas pequenas manifestações de um amor que não é nem mera formalidade, nem um ritual de cortesia, mas um amor vivo, um amor que dá muita importância aos pequenos detalhes e os prodigaliza tanto quanto pode.

Jesus olhava para aquela pobre mulher arrependida. Agora, imaginemos que olha para nós e procuremos fazer estes dois exames:

Primeiro: tenho "detalhes finos" com Deus ou sou, antes, um repetidor rotineiro de orações e um cumpridor frio de deveres religiosos? Onde está o amor? Como vão os pormenores delicados que poderia ter com Deus: começar o dia rezando e oferecendo-lhe tudo; dizer uma oração breve — quatro palavras — ao passar por uma igreja ou ao contemplar uma imagem de Nossa Senhora; visitar por uns minutos Cristo presente no sacrário; atender com

8. VÊS ESTA MULHER?

carinho a um pobre conhecido que pede ajuda; oferecer pequenos sacrifícios que, se não fosse por Deus, eu não faria...?

Segundo: e em casa, como vão as delicadezas de carinho? Ai de nós se já nos acostumamos a ser pouco delicados, frios, indiferentes e até grosseiros com os demais, como se isso fosse natural depois de anos de convívio! Ai de nós se não sabemos olhar para cada um com afeto, se não sabemos falar "bom dia", "oi" e "alô" com um sorriso, se não temos "inovações" de amor que aqueçam o amor dos outros...

Pense. Será que Jesus não lhe poderia dizer o que disse a Simão?

9.
Deixai-a. Por que a aborreceis?
(Jo 12, 1-8; Mc 14, 4-9)

Vamos meditar agora em outra cena, uma cena que parece irmã gêmea da passagem do capítulo anterior. Tanto é assim que muitos, erradamente, identifica-ram uma com a outra. Ocorreu, no entanto, em lugar e tempo diferentes, e a protagonista foi outra, que não agiu por arrependimento mas por pura afeição. Os relatos a seguir são dos evangelhos de São João e de São Marcos, que neste ponto se complementam.

São João, que esteve presente, narra assim a cena:

Seis dias antes da Páscoa (daquela Páscoa em que Jesus celebrou a Última Ceia, após a qual co-meçou a Paixão), *Jesus foi a Betânia, onde estava Lázaro, que ele ressuscitara dos mortos. Oferecerem--lhe ali um jantar. Marta servia e Lázaro era um dos que estavam à mesa com ele. Então Maria, tendo tomado uma libra de um perfume de puro nardo, muito caro, ungiu os pés de Jesus e os enxugou com seus cabelos; e a casa inteira ficou cheia do perfume do bálsamo.*

São João apresenta-nos os três irmãos, Marta, Maria e Lázaro, que costumavam hospedar Jesus em sua casa de Betânia, quando ele subia a Jerusalém. Esta seria a última vez. É claro que Maria ainda estava comovida após ter presenciado a ressurreição de seu irmão, e por isso sentiu o impulso nobre de agradecer a Jesus.

Contudo, o gesto afetuoso de Maria despertou reações negativas entre vários dos presentes.

São Marcos, no seu relato, diz: *Alguns dentre os presentes indignavam-se entre si: "A troco de que este desperdício de perfume? Pois poderia ser vendido este perfume por mais de trezentos denários e distribuído aos pobres".*

São João faz questão de frisar que o mais indignado foi Judas: *Um de seus discípulos, Judas Iscariotes, o que o iria trair, disse: "Por que não se vendeu este perfume por trezentos denários para dá-lo aos pobres?". Ele disse isto não porque se preocupasse com os pobres, mas porque era ladrão e, tendo a bolsa comum, roubava o que ali era colocado.*

Maria não fez cálculos: deu tudo. O que era ofertar um perfume caro perto da graça da ressurreição do irmão? Judas, pelo contrário, fez cálculos, estava

9. DEIXAI-A. POR QUE A ABORRECEIS?

habituado a isso. Só que, depois, calculou muito barato o preço da sua traição: vendeu Jesus por trinta moedas de prata, a taxa de indenização por um escravo.

Como no caso da viúva pobre, Jesus defende e louva Maria pelo seu gesto de generosidade. São Marcos escreve: *Deixai-a – disse Jesus –; por que a aborreceis? Ela praticou uma boa obra para comigo... Ela fez o que podia: antecipou-se a ungir o meu corpo para a sepultura.*

A seguir, o Senhor pronunciou umas palavras proféticas, que se vêm cumprindo desde há mais de dois mil anos: *Em verdade vos digo que, onde quer que venha a ser proclamado o Evangelho, em todo o mundo, também o que ela fez será contado em sua memória.*

Nós mesmos estamos satisfazendo essa profecia. Mas, além disso, queremos que o exemplo de Maria penetre em nossa alma, que nos faça jogar fora qualquer balança ou fita métrica escondida no coração que possamos usar para calcular se estamos dando ou não demais a Deus e ao próximo.

É tocante ver como Jesus, ciente de que faltavam poucos dias para a sua Paixão e morte, agradeceu o detalhe de carinho e veneração que Maria teve para com Ele: *Antecipou-se a ungir meu corpo.* E nós? Como tratamos o santíssimo Corpo de Cristo, que se faz presente na Santa Missa, que vem a nós na Comunhão, que está sempre próximo nos sacrários de todas as igrejas?

Aprendamos de Maria de Betânia a tratar a Eucaristia com respeito, adoração e atenções delicadas: preparemos melhor cada Comunhão – confessando-nos antes, se for preciso –, dediquemos certo tempo à ação de graças depois da Missa e de comungar; procuremos achar ocasiões – quem quiser as encontra – para fazer visitas ao Santíssimo Sacramento, acompanhando Jesus no Sacrário, abrindo-Lhe a alma, repousando em seu Coração. E não sejamos tacanhos em relação aos objetos que se dedicam ao culto eucarístico!

Quantas coisas não nos sugere a unção de Maria em Betânia!

10.

Jesus fitou-o com amor

(Mc 10, 17-22)

Jesus estava a caminho quando, inesperadamente, viu um homem jovem que lhe corria ao encontro: *Caiu de joelhos diante dele e perguntou: "Bom Mestre, que devo fazer para ganhar a vida eterna?".*

A correria, a afobação, o espalhafato com que se jogou aos pés de Jesus revelavam uma alma emotiva e vibrante. *Disse Jesus: "Por que me chamas bom? Só Deus é bom".* Dito isso, respondeu à pergunta: *"Conheces os mandamentos: não matarás, não cometerás adultério, não roubarás, não levantarás falso testemunho, não defraudarás ninguém, honra pai e mãe".* Recordou-lhe, em suma, os mandamentos da Lei de Deus.

O AMOR NOS VÊ

Ele então respondeu: "Mestre, tudo isso eu tenho observado desde a minha adolescência". Jesus, olhando para ele, fitou-o com amor. Viu uma alma limpa, desejosa de um grande ideal. *"Só te falta uma coisa",* disse então: *"Vai, vende tudo o que tens, dá o dinheiro aos pobres e terás um tesouro no céu. Depois vem e segue-me".* Com essas palavras, convidou-o a assumir a plena dedicação a Deus que os seus apóstolos já vinham praticando como vocação.

Aí se deu no jovem uma mudança radical. A vibração alegre do começo apagou-se como a luz de uma vela se extingue sob um sopro de ar. *Ao ouvir isso, ele ficou pesaroso por causa desta palavra e foi embora cheio de tristeza, pois possuía muitos bens.* O jovem rico desaparece das páginas do Evangelho, e nunca mais o veremos junto de Jesus. Não foi capaz de viver a liberdade do amor. Estava escravizado ao dinheiro e ao que o dinheiro lhe podia dar.

A todos nós Jesus olha-nos com amor e nos diz: *"Falta-te alguma coisa".* Não pede a todos o mesmo, nem com a radicalidade de desprendimento que pediu ao jovem – há muita variedade de vocações na vida cristã –, mas de todos espera amor, mais amor, espera que aspiremos à santidade a que Ele nos chama desde o Batismo, no lugar e no ambiente em que a Providência nos pôs.

Que coisas nos acorrentam? São Tomás de Aquino comenta que a liberdade de amar pode ficar amarrada

10. JESUS FITOU-O COM AMOR

por dois tipos de grilhões. O primeiro deles é a escravidão das paixões, dos vícios e das consequências dos pecados, que são como uma teia de aranha a nos envolver e tolher o movimento. *Todo aquele que comete pecado é escravo do pecado*, dizia Jesus (Jo 8, 14). Depois, a escravidão em que se encontra quem pratica os mandamentos e os atos bons só por medo (de ser castigado, de ir ao inferno), ou porque se sente atado por "obrigação" (a contragosto, só porque está mandado). *Não recebestes o espírito de escravos, para recairdes no medo* – dizia São Paulo –, *mas de filhos, no qual clamamos: "Abá, Pai!"*[1].

A cena do jovem rico que disse "não" nos faz pensar numa grande verdade: nossa liberdade interior cria asas cada vez maiores toda vez que dizemos "sim" a uma solicitação – pequena ou grande – de Deus.

Às pessoas que se sentem presas, asfixiadas por seus deveres familiares e profissionais, oprimidas pela sucessão inevitável de obrigações monótonas e cansativas, é como se Deus dissesse: "Não se queixe, não reclame de sua falta de liberdade. Conquiste a sua liberdade interior dando cotovelada ao egoísmo e dizendo 'sim' a pequenos atos gratuitos de bondade, de amabilidade, de serviço, de ajuda, de renúncia e doação. Por incrível que lhe pareça, cada um desses atos feitos por amor (a Deus ou a outra pessoa), em vez

---

(1) Cf. *Summa contra gentes*, IV, 22, nn. 3599 e 3589.

de sobrecarregá-lo, lhe dará uma sensação de alívio e liberdade que reacenderá a chama – talvez moribunda – da sua alegria".

Não queira acabar como o jovem rico: após matar a esperança, foi-se afastando até ficar reduzido a uma sombra que se esvai.

11.
Jesus o viu ali deitado
(Jo 5, 1-18)

No capítulo terceiro contemplamos Jesus curando um paralítico que chegou carregado por quatro amigos. Esse milagre teve lugar em Cafarnaum, na Galileia. Agora meditaremos num milagre parecido, que Jesus realizou em Jerusalém, na Judeia.

O Senhor tinha subido à Cidade Santa para participar de uma festa religiosa. Estava caminhando perto da Porta das Ovelhas e se aproximou de uma piscina pública chamada Bezata. *Muitos doentes, cegos, coxos, paralíticos* – diz o Evangelho de João – *ficavam ali deitados.*

O AMOR NOS VÊ

Por que se reuniam lá? Porque havia uma crença (que muitas versões antigas dos Evangelhos recolhem) segundo a qual um anjo descia de vez em quando e movimentava a água da piscina, e o primeiro que entrasse depois do movimento ficaria curado.

Encontrava-se ali, continua o Evangelho, *um homem enfermo havia trinta e oito anos. Jesus o viu ali deitado e, sabendo que estava assim desde há muito tempo, perguntou-lhe: "Queres ficar curado?". O enfermo respondeu: "Senhor, não tenho ninguém que me leve à piscina, quando a água se movimenta. Quando estou chegando, outro entra na minha frente".*

Não acha espantoso pensar que, durante trinta e oito anos, ninguém, nenhum dos seus parentes e conhecidos, e nem um só dos que ali estavam perto dele, foi capaz de lhe dar uma mão e carregá-lo até a água para obter a cura? Jesus, comovido, disse-lhe: *"Levanta-te, pega a tua maca e anda". No mesmo instante o homem ficou curado, pegou sua maca e começou a andar.*

Imagine agora que Cristo, depois de sorrir vendo a alegria do paralítico, volte seu olhar para nós e, só com os olhos, nos diga: "Pensa nas tantas pessoas que estiveram perto de você, talvez durante muitos anos, e tu não lhes deste a mão para ajudá-las em suas necessidades espirituais, não mexeste um dedo para aproximá-las das águas salvadoras de Cristo, das fontes de graça divina".

11. JESUS O VIU ALI DEITADO

No "Confesso a Deus Todo-poderoso", pedimos perdão por termos pecado "por pensamentos e palavras, atos e omissões". Esta meditação há de nos ajudar a refletir sobre as nossas "omissões".

Talvez, na nossa vida, mais do que o mal que possamos ter feito, esteja pesando o bem que deixamos de fazer. Na Encíclica *Fratelli tutti*, de 4 de outubro de 2020, o Papa Francisco, dentro de um contexto amplo de Doutrina Social da Igreja, fala longamente das omissões, principalmente em relação às obras de misericórdia que não praticamos a nível pessoal, familiar, social e universal.

A certa altura, recorda as palavras que Deus dirigiu a Caim e, agora, dirige a nós: *Que fizeste do teu irmão?* (Gn 4, 9-10). Seria triste que a nossa resposta fosse: "Nada!". O Senhor poderia então retrucar: "Como estiveste tão cego? Não viste as mil oportunidades que tiveste de fazer o bem aos outros, mesmo em coisas muito pequenas, mesmo em detalhes mínimos, insignificantes... e não o fizeste?".

Esses outros são para nós os "paralíticos da piscina": aquelas pessoas que padecem fome, frio, doença, tristezas espirituais ou materiais; que sofrem de solidão, injustiça, incompreensão, falta de afeto, e que eu nem olho e passo adiante – como os apressados da parábola do bom samaritano (cf. Lc 10, 19-37) –, achando que nada disso é comigo.

No entanto, no dia do Juízo, Jesus vai condenar a atitude dos que, como Ele diz, *não me deram de comer, de beber* etc. E, se nós Lhe perguntamos: *Quando é que te vimos com fome ou sede... e não te servimos?*, Ele responderá: *"Todas as vezes que o deixaste de fazer a um desses pequeninos, foi a mim que o deixaste de fazer"* (Mt 25, 41-46).

Esses "pequeninos" são os sofredores e solitários – às vezes, familiares nossos – que cada um, conforme as suas possibilidades, deveria auxiliar. Certamente, é impossível atender a todos os que cruzam o nosso caminho. Não dá. Mas entre "nenhum" e "todos" há muitas possibilidades intermediárias.

Por que, para começar, não descobrimos em nossa própria casa esses "pequeninos" de que Jesus fala? O marido, será que não vê que a sua esposa está necessitada de um pouco mais de atenção e carinho? E a mulher, não vê que o seu marido está precisando da mesma coisa? E os pais, não veem que os filhos não estão recebendo orientação nenhuma nem na fé, nem no campo da moral?

E os amigos, e os colegas, e tantas instituições para crianças doentes, para pessoas hospitalizadas, que ninguém visita? E as famílias pobres de que todos se esquecem? E os asilos de anciãos? E tantas criaturas, de todas as idades, carentes da mínima formação doutrinal cristã e da mínima vida espiritual? Não teorize, por favor. Pense em fazer "algo",

11. Jesus o viu ali deitado

por pouco que seja, por muito pouco que seja, e decida-se a começar.

Peçamos a Deus que nenhum dos que a sua Providência colocou ao alcance da nossa ajuda material ou espiritual possa dizer: "Não tive ninguém!".

12.
Olhando-os com indignação
(Mc 3, 1-6)

Era um sábado. Jesus, como costumava fazer no sétimo dia de cada semana, foi à sinagoga, em Cafarnaum. Lá estava um homem com uma das mãos atrofiada. Lá estavam também alguns escribas e fariseus, que *o observavam para ver se o curaria no sábado, para o acusarem.* Eles julgavam, com pente fino e torto, que curar era um "trabalho" proibido pela lei do descanso sabático.

Jesus disse ao homem da mão atrofiada: "Levanta-te e vem aqui para o meio". E perguntou: "É permitido, no dia de sábado, fazer o bem ou fazer o mal? Salvar uma vida ou matar?". Eles, porém, se calaram. Olhando-os, então, com indignação, entristecido pela dureza do seu coração, disse ao homem: "Estende a mão". Ele a estendeu, e a mão ficou restabelecida. Assim que saíram, os fariseus reuniram-se com os herodianos para deliberarem como o haviam de matar.

Poucas vezes o Evangelho fala da ira, da indignação de Jesus. Ao longo das páginas dos evangelistas, o habitual é contemplar Cristo misericordioso, como fonte de luz, de paz e de perdão, empenhado em salvar.

Quando se assanham contra Ele na Paixão, ficamos pasmados ao ver Jesus, o Cordeiro de Deus, encaminhar-se para o sacrifício da Cruz manso e humilde, aceitando em silêncio os mais terríveis tormentos e humilhações.

No entanto, há ocasiões em que não se cala: perante o crime dos que corrompem crianças, tem palavras duríssimas (Lc 17, 1-2); perante a hipocrisia dos escribas e fariseus, que transformam os que eles convertem em pessoas *duas vezes mais dignas do inferno* que eles, também (cf. Mt 23, 15); e também se indigna quando entra no Templo, *na casa de meu Pai*, e o vê profanado, convertido em *um covil de ladrões* (Mc 11, 15-17).

Como diz o escritor francês Ernest Hello, a santa indignação é "filha do amor..., é o furor do amor..., é o relâmpago da pureza que ilumina a noite do mal, do pecado"[1].

---

(1) *Du néant a Dieu*, Ed. Perrin, Paris, 1921, vol. II, pp. 42-49.

12. OLHANDO-OS COM INDIGNAÇÃO

Olhando para o exemplo de Cristo, São Tomás de Aquino fala de que há uma ira boa, a "ira por zelo"; e, citando palavras de São João Crisóstomo e de São Gregório Magno, afirma que peca quem não se indigna perante o mal[2] – por exemplo, diante da injúria contra Deus e as coisas de Deus; diante dos que arrancam a fé e a moral do coração dos inocentes; diante das mentiras deslavadas e as injustiças clamorosas, muitas vezes vociferadas pela grande mídia...

Essa ira santa se degradaria caso se convertesse em ódio contra as pessoas. Um cristão deve seguir sempre a norma indicada por Santo Agostinho: *Interficere errorem, diligere errantem*, ou seja, "combater o erro, amar o que erra".

Sem perder a caridade, sem a qual *nada me adiantaria* (1 Cor 13, 3), é preciso não perder a fortaleza. Como é que Jesus veria a você e a mim se nós, mesmo mantendo firme a nossa fé, nos encolhêssemos covardemente diante do mal, mostrássemos uma compreensão mole, sorridente – uma cumplicidade! –, com os que tentam destruir a família ou que impõem falsidades ideológicas e deturpações morais com força de lei.

Não se trata de entrar em polêmicas acirradas, em brigas contínuas que sempre degeneram, mas de defender a verdade, a família e a justiça com empenho

---

(2) Cf. *Suma teológica*, II-II, 158, 8.

positivo, com meios construtivos, apoiando também os que lutam com ânimo cristão (e não por conveniências políticas) pelos verdadeiros valores.

E sempre será preciso rezar com grande confiança, pedindo a Deus que abençoe o nosso esforço para que a verdade abra caminho entre as águas turvas da mentira e da confusão.

13.
Mulher, onde estão eles?
(Jo 8, 1-11)

Meditaremos agora numa cena cheia de dramatismo e suspense. O Evangelho de São João focaliza Jesus, que, em Jerusalém, *antes do nascer do sol, já se achava outra vez no Templo. Todo o povo vinha a ele e, sentando-se, os ensinava.*

Procuremos sentir-nos como se vivêssemos esse momento, cativados pelas palavras de Cristo e unidos àquele povo.

De repente, a paz fica perturbada. *Os escribas e fariseus trazem certa mulher surpreendida em adultério e, colocando-a no meio, dizem-lhe: "Mestre, esta mulher foi surpreendida em flagrante delito de adultério. Na Lei,*

Moisés nos ordena lapidar tais mulheres. Tu, porém, que dizes?". Eles assim diziam para pô-lo à prova, a fim de terem matéria para acusá-lo.

A armadilha estava clara. Se dissesse que a deixassem em paz, seria acusado de acobertar um pecado grave e desobedecer a Lei de Moisés. Se concordasse com eles, derrubariam a imagem do Jesus Salvador, bom, misericordioso, que acolhe os pecadores.

Jesus não respondeu. *Inclinando-se, escrevia na terra com o dedo.* O Evangelho dá a entender que rabiscava, sem escrever nenhuma mensagem concreta, apenas para deixar em suspenso os acusadores.

Continua São João: *Como persistissem em interrogá-lo, ergueu-se e lhes disse: "Quem dentre vós estiver sem pecado seja o primeiro a lhe atirar uma pedra!". E, inclinando-se de novo, escrevia sobre a terra.*

Silêncio. Agora estão todos desconcertados. Quem é que não tem pecado? Abaixam a cabeça. *Eles, ouvindo isso, saíram, um após o outro, a começar pelos mais velhos.* Também você e eu, que somos pecadores, se estivéssemos entre eles, teríamos saído envergonhados.

Jesus ficou sozinho e a mulher permanecia lá, no meio. Aquele espaço fica deserto. Nele só há duas figuras, frente a frente: Jesus e a mulher. Jesus levanta-se. O olhar dele pousa nos olhos da pecadora: *"Mulher, onde estão eles? Ninguém te condenou?".* Disse ela: *"Ninguém, Senhor".* Disse, então

13. MULHER, ONDE ESTÃO ELES?

Jesus: "Eu também não te condeno. Vai, e de agora em diante não peques mais!".

Que significa essa atitude de Jesus? Li certa vez o texto de um sermão em que o único comentário dessa passagem evangélica consistia em dizer que Jesus é tão misericordioso que nem olha para as nossas faltas: perdoa tudo de antemão. Infelizmente, esse pregador omitiu, como se não existisse, a última frase de Cristo: *"Vai, e de agora em diante e não peques mais!".* E essa frase é a chave para entender o episódio.

Parece-me evidente o que Jesus quis dizer àquela pobre mulher: "Ninguém te condenou a ser apedrejada? Também eu não te condenarei: não quero para ti essa pena de morte. Mas, por amor de Deus, repara que a tua infidelidade foi um pecado muito grave; arrepende-te sinceramente, e faz o propósito de não voltar a pecar: *Vai e não peques mais*".

Jesus, como escreve São Pedro, *carregou nossos pecados em seu próprio corpo, sobre a cruz, a fim de que, mortos para os pecados, vivamos para a justiça. Por suas feridas fostes curados* (1 Pd 2, 24). Ninguém como Jesus conhece o abismo do mal, do pecado, ninguém como Ele – que carregou nossas culpas na Cruz – sabe como os nossos pecados ofendem a Deus, como doem porque ferem e desprezam seu Amor.

Qual é o ensinamento de Jesus sobre o perdão dos pecados? Basta lembrar a parábola do filho pródigo. O Pai, que é símbolo de Deus, perdoa com

O AMOR NOS VÊ

carinho e alegria o filho *quando ele se arrepende*, quando larga a vida de pecado e *volta* para casa (cf. Lc 15, 18-21).

Mais claro ainda é o que Jesus disse àquela outra mulher pecadora que, como víamos no capítulo oitavo –, chorava a lágrima viva os próprios pecados: *Seus numerosos pecados lhe foram perdoados, porque ela demonstrou muito amor* (Lc 7, 47).

Que maravilha ler o que Jesus diz sobre o arrependimento: *Haverá alegria no Céu, entre os anjos de Deus, por um só pecador que se converta* (cf. Lc 15, 7.10).

Por isso a Igreja, fiel ao Evangelho, sempre nos ensinou que quem se aproxima do Sacramento da Reconciliação para poder fazer uma boa confissão – uma confissão válida – precisa da *contrição*, da dor dos pecados, de uma dor que sentimos *por Deus* e que será perfeita se for motivada por amor dele. Veja o que diz o *Catecismo da Igreja Católica* ao falar da confissão: "Entre os atos do penitente, a contrição vem em primeiro lugar. Consiste numa dor de alma e detestação do pecado cometido, com a resolução de não mais pecar no futuro" (n. 1451).

É bonita a descrição que São Josemaria faz da *contrição perfeita*: "Dor de Amor. – Porque Ele é bom. – Porque é teu Amigo, que deu a sua Vida por ti. – Porque tudo o que tens de bom é dEle. – Porque o tens ofendido tanto... Porque te tem perdoado... Ele!...

13. MULHER, ONDE ESTÃO ELES?

a ti! – Chora, meu filho, de dor de Amor" (*Caminho*, n. 436).

Não peques mais! Com Sua misericórdia, Jesus atingiu o coração da mulher adúltera e lhe fez experimentar o amor de Deus. Diante de tamanho amor, no coração da pobre pecadora surgiu a dor, e com ela o desejo de não mais ofendê-Lo.

14.
Eles ficaram calados
(Mc 9, 33-37)

Esta é uma cena de vergonha e alegria. Deu-se num dia em que Jesus, voltando das proximidades do monte Tabor e seguido pelos apóstolos, depois de uma longa caminhada, entrou em casa, na cidade de Cafarnaum, e lá dentro perguntou-lhes: "*Que discutíeis pelo caminho?*".

Todos ficaram quietos, mudos, abaixando o rosto com vergonha, porque *tinham discutido qual deles era o maior.* O Evangelho sempre mostra os apóstolos com seus defeitos; não os enfeita como num conto de fadas. E, assim, em várias das suas páginas, vemo-los repetindo a mesma discussão: "Quem é o maior?", "Quem tem de ocupar o primeiro lugar?", "Quem merece mais?". Trata-se de orgulho, de vaidade, daquele mesmo espírito de comparação e competição invejosa que tantas vezes nós sentimos no nosso interior.

O Senhor dará a eles uma lição de humildade simpática, mas clara: *Jesus sentou-se, chamou os doze e lhes disse: "Se alguém quiser ser o primeiro, seja o último de todos, aquele que serve a todos".*

Depois, reforçou este ensinamento com um gesto expressivo: *Em seguida, pegou uma criança, colocou-a no meio deles e, abraçando-a, disse: "Quem acolher em meu nome uma destas crianças, estará acolhendo a mim mesmo".*

São Mateus, neste ponto, completa o que escreveu Marcos: *"Em verdade vos digo, se não vos converterdes e vos tornardes humildes como crianças, não entrareis no Reino dos Céus. Quem se faz pequeno como esta criança, esse é o maior no Reino dos Céus"* (Mt 18, 1-5).

Santo Agostinho dizia que, se lhe perguntassem o que era mais importante na vida cristã, ele responderia: "Primeiro, a humildade; segundo, a humildade; e terceiro, a humildade". Por quê? Porque a humildade derruba o ídolo orgulhoso do "eu" e escancara a alma para deixar entrar nela Deus e os outros, ou seja, para deixar entrar o Amor, que é a antítese do egoísmo e a essência da santidade. Por isso acrescentava, em outro lugar: "Não há caminho mais excelente que o do amor, mas por ele só podem transitar os humildes".

O Deus que está batendo agora no nosso coração é o mesmo que por nós *se humilhou a si mesmo, até*

14. Eles ficaram calados

a morte e morte de cruz (Fl 2, 8). É o Deus que quis nascer como uma pobre criança, deitada nas palhas de uma manjedoura, que quis morrer humilhado, torturado e injuriado numa Cruz.

Pensemos um pouco no nosso coração. O orgulho – que é o inchaço do "eu" – é como o chupim, esse pássaro abusivo cujo filhote "ocupa", engordando, o ninho do tico-tico onde a mãe dele pusera o ovo, até expulsar dali os filhotes legítimos. Também o orgulho faz em nós a sua "ocupação" (como nas guerras), e de tal maneira que não deixa espaço nem para Deus, nem para os demais.

Talvez você, sem se aprofundar, engane-se a si mesmo e diga: "Não tenho orgulho". Todos o temos, porém. Quantas vezes, com palavras semelhantes às dos apóstolos, nós não nos perguntamos e até reivindicamos: "Aqui, na família, no trabalho, no clube, quem é primeiro, quem faz mais?". Ou pensamos e debatemos: "Entre todos nós, quem tem precedência, quem tem mais dignidade, quem merece mais coisas?".

São Josemaria, no seu livro *Sulco* (n. 263), ajuda-nos a fazer um exame da nossa falta de humildade na vida cotidiana. Ele sugere que examinemos quantas das faltas abaixo não se aplicam a nós:

- Pensar que o que fazes ou dizes está mais bem feito ou dito do que aquilo que os outros fazem ou dizem.

O AMOR NOS VÊ

- Querer levar sempre a tua avante (ter sempre razão).
- Discutir sem razão ou – quando a tens – insistir com teimosia e de maus modos.
- Dar o teu parecer sem que te peçam, ou sem que a caridade o exija.
- Desprezar o ponto de vista dos outros.
- Citar-te a ti mesmo como exemplo nas conversas.
- Falar mal de ti mesmo, para que façam bom juízo de ti ou te contradigam.
- Desculpar-te quando te repreendem.
- Doer-te de que outros sejam mais estimados do que tu.
- Procurar ou desejar singularizar-te (chamar a atenção).
- Insinuar na conversa palavras de louvor próprio ou que deem a entender a tua honradez, o teu engenho ou habilidade, o teu prestígio profissional...
- Envergonhar-te por careceres de certos bens...

Que acha? Vale a pena pedir a Nossa Senhora que nos abra os olhos e nos ajude a imitar a humildade de seu Filho.

15.
Ao vê-la, encheu-se de compaixão
(Lc 7, 11-17)

Jesus saiu de Cafarnaum e dirigiu-se a outra cidade da Galileia chamada Naim, a fim de anunciar também lá a Boa-nova do Reino de Deus. Os seus discípulos e uma grande multidão iam com ele.

Quando chegou à porta da cidade, coincidiu que levavam um morto para enterrar, um filho único, cuja mãe era viúva. Ao vê-la, o Senhor encheu-se de compaixão por ela e disse: "Não chores!". Aproximando-se, tocou no caixão, e os que o carregavam pararam.

Tratava-se de um encontro casual, inesperado. Ninguém pediu nada a Jesus, mas ele compreendeu a dor da mãe, aquele sofrimento que a deixava com o olhar perdido, alheia a tudo. Jesus ficou tomado de ternura, e seus olhos brilharam umedecidos pelas lágrimas.

Como nos comove ver o coração de Cristo – tão profundamente humano! *Perfeito Deus, perfeito homem*. Sente-se vontade de dizer, com São Josemaria: "Obrigado, meu Jesus, porque quiseste fazer-te perfeito Homem, com um Coração amante e amabilíssimo, que ama até a morte e sofre; que se enche de gozo e de dor; que se entusiasma com os caminhos dos homens, e nos mostra aquele que conduz ao Céu..." (*Sulco*, n. 813).

Jesus, então, *aproximando-se, tocou no caixão, e os que o carregavam pararam. Ele ordenou: "Jovem, eu te digo, levanta-te!". O que estava morto sentou-se e começou a falar. E Jesus o entregou à sua mãe.*

Depois de ler e meditar nessa cena, vem à nossa memória as palavras de Jesus: *Sede misericordiosos, como vosso Pai é misericordioso* (Lc 6, 36). As versões do Evangelho, às vezes, traduzem o sentimento de Cristo nessa cena usando a palavra *compaixão*; outras dizem: *movido pela misericórdia*. Ambas as traduções são boas e esclarecedoras: "compadecer-se" é "padecer com"; "ser misericordioso" significa ter um coração que acolhe as misérias alheias.

Isso é o que Jesus nos pede quando diz: *Sede misericordiosos*. Mas, além do exemplo, Ele nos deixou uma parábola inesquecível – a do bom samaritano.

Esse samaritano, estrangeiro, estava subindo a Jerusalém a negócios quando de repente deparou-se com um homem estendido no chão. Havia sido

15. AO VÊ-LA, ENCHEU-SE DE COMPAIXÃO

assaltado por bandidos e estava ferido, meio morto. O bom samaritano para e, *movido de compaixão*, faz lá mesmo um curativo derramando vinho e óleo sobre as feridas, carrega-o na sua montaria e o leva a uma estalagem próxima; lá deixa dinheiro para que tratem em tudo dele e promete passar na volta para dar mais ajuda se for necessário. Jesus, dirigindo-se ao seu ouvinte, conclui: *Vai e faze tu o mesmo!* (Lc 10, 30-37).

Como em todas as meditações anteriores, vamos imaginar que agora Ele olha e se dirige a nós. Que nos pede? *Vai e faze tu o mesmo.*

Comentando essa parábola, Bento XVI escrevia: "O programa do cristão – o programa do bom samaritano, o programa de Jesus – é 'um coração que vê'. Esse coração vê onde há necessidade de amor e atua em consequência" (*Deus caritas est,* n. 31). O comentário fica mais claro se lemos, no mesmo texto, estas outras palavras: "A caridade cristã é, em primeiro lugar, simplesmente a resposta àquilo que, numa determinada situação, constitui a necessidade imediata" (n. 31).

Você já reparou que ninguém solicitou cuidados ao samaritano? Ele deu, espontaneamente, a "resposta imediata" à "necessidade imediata". Essa necessidade foi, para ele, a voz e Deus.

Será que nós temos "um coração que vê"? Como percebemos as "necessidades imediatas" dos que nos rodeiam? Muitas vezes não as vemos – a começar pelos da nossa casa, dos que trabalham conosco ou para nós. Talvez seja porque nosso coração está atulhado de preocupações egoístas.

Em 2015, ao proclamar um jubileu extraordinário da misericórdia, o Papa Francisco publicou a bula *O rosto da misericórdia*. Nela dizia: "Quanto desejo que os anos futuros sejam permeados de misericórdia para ir ao encontro de todas as pessoas, levando-lhes a bondade e a ternura de Deus!" (*Misericordiae vultus*, n. 5). Muitas vezes repisou este programa.

No ano de 2020, o Papa volta a comentar a parábola do bom samaritano, agora na encíclica *Fratelli tutti*. Faz notar aí um detalhe que não podemos esquecer: "O samaritano do caminho partiu sem esperar reconhecimentos nem *obrigados*. A dedicação ao serviço era a grande satisfação diante do seu Deus e na própria vida" (n. 79).

Vamos deixar bater em nós o coração de Jesus? Ele nos oferece sempre a graça do Espírito Santo para acender nossa caridade. Façamos um exame.

- O meu coração é um "coração que vê"? Como é fácil que passem despercebidas as dores e necessidades da esposa, do marido, dos filhos. Como o cego Bartimeu, peçamos: *Que eu veja!* Tratar-se-á de pequenos pormenores; mas, na maior parte das vezes, será um pormenor nosso o que

15. AO VÊ-LA, ENCHEU-SE DE COMPAIXÃO

poderá levar-lhes a mensagem de carinho de que precisam.

- Vemos como estranhas as pessoas que Deus colocou perto de nós no caminho da vida? Quando nos vier ao pensamento: "Por que tenho de fazer este sacrifício? Por que tenho de me envolver?", releiamos a parábola que agora comentamos, no capítulo décimo do Evangelho de São Lucas, e tiremos sinceramente consequências.

- E, ainda, na convivência familiar ou profissional, perguntemo-nos: "Eu dou, dou-me, sem esperar reconhecimento? O bem que eu faço depende do bem que me fazem a mim, ou, como o samaritano, como Cristo, sou capaz de dar um amor plenamente gratuito, que é o modo mais autêntico de amar?".

16.
E tu não quiseste
(Mt 23, 37-38)

Contemplemos agora duas cenas da vida de Cristo que se complementam.

Já fazia tempo que Jesus estava sendo objeto de ataques, de insídias armadas pela cúpula dos judeus. A hipocrisia com que procediam feria-Lhe o Coração, que sabia perfeitamente qual seria o desfecho: a morte na Cruz. Pensando nisso, exclamou certo dia: *Jerusalém, Jerusalém, que matas os profetas e apedrejas os que te foram enviados! Quantas vezes eu quis ajuntar os teus filhos, como a galinha recolhe os seus pintinhos debaixo das asas, mas tu não quiseste! Vede, vossa casa ficará vazia.*

Mais perto da Paixão, Jesus entrou em Jerusalém, no dia que nós comemoramos como Domingo de

Ramos. Vinha de Betânia e, ao passar pelo Monte das Oliveiras, tendo diante dos olhos a mole dos edifícios do Templo, não pôde conter as lágrimas: *Viu a cidade e chorou sobre ela, dizendo: "Ah! Se neste dia também tu conhecesses o que te pode trazer a paz! Agora, porém, isto está encoberto aos teus olhos".* A seguir, anunciou com pena a destruição da cidade, que iria acontecer no ano 70, durante a guerra contra os romanos: *"Não deixarão de ti pedra sobre pedra, porque não reconheceste o tempo em que foste visitada"* (Lc 19, 41-44).

São cenas da vida de Cristo. Mas, se abrirmos os ouvidos da alma, talvez percebamos que Ele está nos falando também a nós: *Eu quis, mas tu não quiseste.*

Eu quis. Deus não esmaga, Jesus não impõe. Ama a liberdade que nos deu como traço marcante da imagem divina impressa em nós. Ele anuncia, proclama, convida: *Se alguém quiser vir após mim... Se queres entrar na Vida... Se alguém ouvir a minha voz e me abrir a porta...* Ele não força, mas bate à porta da nossa liberdade, oferecendo as duas sendas que conduzem à vida eterna: a Verdade e o Bem.

E tu não quiseste. Infelizmente, o "não" foi muitas vezes a nossa resposta. Na parábola dos "convidados às bodas", Jesus apresenta um retrato do nosso "não querer": *Alguém deu um grande banquete e convidou a muitas pessoas. Na hora do banquete, mandou seu servo dizer aos convidados: "Vinde! Tudo está pronto".*

16. E TU NÃO QUISESTE

Deus te diz e me diz: *Tudo está pronto!* A obra da nossa Redenção já foi completada com a morte, ressurreição e glorificação de Cristo. Como fruto dessa obra redentora, Deus enviou-nos o Espírito Santo, doador da graça que nos purifica e santifica.

Sim, certamente, Deus já nos deu tudo e continua a dar-se por nós na Eucaristia, no dom do Espírito Santo, que é o Amor divino "em pessoa". Veja o que dizia São Pedro aos que, tocados pela graça no dia de Pentecostes, perguntavam: *"Que devemos fazer?"*. *Pedro respondeu: "Convertei-vos, e cada um de vós seja batizado, em nome de Jesus Cristo, para o perdão dos vossos pecados. E recebereis o dom do Espírito Santo"* (At 2, 37-38).

Como diz a parábola, o "banquete", símbolo bíblico da amizade com Deus, está pronto. A graça do Espírito Santo, que nos é oferecida, "pode curar a nossa alma do pecado e santificá-la, torna-a capaz de viver com Deus e agir por seu amor, confere-nos o poder de conhecer e amar a Deus" (cf. *Catecismo da Igreja Católica*, nn. 1999-2003).

Toda essa maravilha está à nossa disposição. Mas "a livre iniciativa de Deus pede a *livre resposta do homem*" (*Catecismo*, n. 2002).

Qual foi, pois, a livre resposta, nessa parábola-tipo? Os convidados não quiseram ir. *"Vinde! Tudo está pronto". Mas todos, um a um, começaram a dar desculpas. O primeiro disse: "Comprei um campo e preciso ir vê-lo; peço-te que me desculpes". Um outro explicou:*

"Comprei cinco juntas de bois e vou experimentá-las; peço que me desculpes". Um terceiro justificou: "Acabo de me casar e, por isso, não posso ir". Ninguém pronunciou um "não" rude e grosseiro; todos enfeitaram o "não" com desculpas mais ou menos potáveis.

Será que não é isso o que fazemos com Deus? Sabe como termina essa parábola? *Eu vos digo: nenhum daqueles que foram convidados provará do meu banquete* (Lc 14, 15-24).

Esta é a explicação das lágrimas que rolaram pela face de Cristo: *Quantas vezes eu quis... e tu não quiseste!*

E nós? Não vamos *querer,* pelo menos, abrir um pouco mais a alma a Deus? Reconhecer que não quisemos levar a sério a fé para não nos comprometermos, que o nosso "não" prévio às exigências do ideal cristão foi falta de caráter? Reconheceremos que a nossa ignorância religiosa está sutilmente ligada ao desejo de que "Deus não interfira, não me atrapalhe, não me roube a liberdade"? Estamos tão cegos que não reparamos que esse fechamento egoísta (muitas vezes revestido de ares "intelectuais") é simplesmente má vontade, um não querer cômodo? Não vemos que essas atitudes nos impedem de achar o sentido da vida? *A tua casa ficará vazia..., porque não conheceste o tempo em que Deus te visitou.*

É necessário examinar, com um mínimo de sinceridade, a nossa consciência; ter a coragem de chamar desculpa ao que é mera desculpa, de chamar covardia ao que é covardia, de chamar medo da verdade ao que é medo da verdade, de chamar mentira ao que é mentira.

Se o fizermos assim, iniciaremos uma nova vida. Cristo será, para nós, não uma imagem estereotipada, mas *o Caminho, a Verdade e a Vida* (Jo 14, 6).

17.
Tudo é possível para quem crê
(Mc 9, 14-29)

Jesus, acompanhado por Pedro, Tiago e João, descia do monte da Transfiguração e ia ao encontro dos outros oito apóstolos. Inesperadamente, viram lá embaixo um tumulto – muita gente alvoroçada, discutindo em voz alta.

Como narra São Marcos, *quando voltavam para junto dos discípulos, encontraram-nos rodeados por uma grande multidão, e os escribas discutiam com eles.*

Jesus fica desgostoso e pergunta-lhes: "*Que estais discutindo?*". Adianta-se a responder um homem de olhar aflito. Conta a Jesus que tinha trazido até ali um filho epiléptico, atacado pelo demônio: "*Eu pedi aos teus discípulos que o expulsassem, mas eles não conseguiram*".

Podemos imaginar que aqueles oito discípulos haviam tentado imitar as palavras e gestos de Jesus quando operava milagres, mas nada acontecera.

O olhar que Jesus lhes dirige mostra pena e decepção. *"Ó geração sem fé! Até quando vou ficar convosco?"*. Manda, então, trazer-lhe o menino e conversa com o pai, que lhe explica que o filho já padecia do mal desde criança, e *muitas vezes o espírito o lançou no fogo e na água, para matá-lo. Porém, se podes fazer alguma coisa, tem compaixão e ajuda-nos.*

Outra vez a tristeza anuvia o olhar de Jesus. Dói-Lhe aquela hesitação do pai, e lhe responde: *"Se podes! Tudo é possível para quem crê"*. *Imediatamente o pai do menino exclamou: "Eu creio, mas ajuda-me na minha falta de fé!"*.

Essas palavras humildes tocam o Coração de Cristo. Então se dirige ao menino e increpa o demônio que o atormentava: *"Eu te ordeno: sai do menino e nunca mais entres nele"*. O demônio, embravecido, sacode o garoto e o deixa como morto, *mas Jesus o tomou pela mão e o levantou; e ele ficou de pé.*

O episódio termina em casa, lá em Cafarnaum: *Depois que Jesus voltou para casa, os discípulos lhe perguntaram: "Por que nós não conseguimos expulsá-lo?"*. *Ele respondeu: "Essa espécie [de demônios] só pode ser expulsa pela oração"*. Textos muito antigos do Evangelho acrescentam: *pela oração e o jejum.*

17. TUDO É POSSÍVEL PARA QUEM CRÊ

Jesus se entristece duas vezes pela falta de fé: pela falta de fé dos apóstolos em debate com os escribas e pela fraqueza da fé do pai do menino.

Quando meditamos nos ensinamentos de Cristo, em todos os Evangelhos, percebemos claramente que Jesus põe duas condições para agir nas nossas vidas, para santificar-nos e até mesmo para realizar milagres: a primeira é a humildade; a segunda, a fé. Humildade e fé são como os dois batentes da porta da alma, que têm de estar abertos simultaneamente para permitir que entre em nós a ação de Cristo, a graça do Espírito Santo.

Na parábola do fariseu e do publicano, quem recebe a graça divina é o publicano humilde, que reza dizendo: *"Meu Deus, tem piedade de mim, pecador!"*. Não a recebe o fariseu enfatuado, convencido de ser justo e bom (cf. Lc 18, 9-14).

Depois, a fé. Jesus fez muitos milagres, todos eles "sinais" dos bens divinos que veio dar aos que têm fé. Muitas vezes se leem no Evangelho palavras do Senhor como estas: *"Grande é a tua fé. Seja feito como queres"* (Mt 15, 28); ou: *"Ainda não tendes fé?"* (Mc 4, 40); ou ainda: *"Homem de pouca fé, por que duvidaste?"* (Mt 14, 31).

Se Jesus olhasse agora para nós, qual dessas frases nos diria? Envergonhados, humildes, deveríamos pedir-Lhe, como os apóstolos: *"Senhor, aumenta-nos a fé!"* (Lc 17, 5). E, além da oração – porque a fé é um

O AMOR NOS VÊ

dom de Deus que não podemos alcançar por nós mesmos –, procuraríamos abrir a alma à luz da Verdade, à luz da Revelação divina que tem máximo esplendor em Cristo; e leríamos assiduamente, meditando, estudando, os Evangelhos; e nos aprofundaríamos na doutrina cristã, que, mais do que um conhecimento meramente intelectual, tem de ser uma assimilação vivencial, uma fé vivida.

Finalmente, lembremos de novo o final deste episódio: *"Por que nós não conseguimos expulsá-lo?" Ele respondeu: "Essa espécie só pode ser expulsa pela oração e o jejum"*. Oração e penitência: estes são os meios sem os quais os propósitos, esforços e trabalhos do cristão ficam estéreis. *Por que não pudemos?* Medite nisto.

18.
Sentada aos pés do Senhor
(Lc 10, 38-42)

Os Evangelhos nos mostram três cenários diferentes da amizade de Jesus com Marta, Maria e Lázaro, os três irmãos que compunham a família de Betânia[1].

O primeiro – sobre o qual agora vamos meditar – nos é descrito por São Lucas. Trata-se de uma cena íntima, familiar, da qual Jesus é o centro. Várias vezes o Evangelho nos faz ver que aquela casa de Betânia – lugar muito próximo de Jerusalém – era o lar que acolhia Jesus sempre que subia à Cidade Santa.

---

(1) Cf. Lc 10, 38-42; Jo 1, 1-44; Jo 12, 1-9.

O relato de São Lucas diz: *Estando em viagem, Jesus entrou numa aldeia, e uma mulher chamada Marta o acolheu em sua casa. Sua irmã, chamada Maria, ficou sentada aos pés do Senhor, escutando as suas palavras. Marta andava ocupada pelo muito serviço.*

O muito trabalho e a pressa mexeram com a paciência de Marta. No meio da azáfama, ela parou irritada e reclamou com Jesus: *"Senhor, a ti não te importa que a minha irmã me deixe assim sozinha com o serviço?"*. Ele, que a conhecia e tinha muito amor por todos daquela família (cf. Jo 11, 5), respondeu-lhe com mansidão: *"Marta, Marta, tu te inquietas e te agitas por muitas coisas; entretanto, uma só coisa é necessária. Maria escolheu a melhor parte, que não lhe será tirada"*.

Essa cena evangélica é de uma grande riqueza. Das muitas luzes possíveis que poderíamos tirar dela, ficarei agora com uma só: a importância do *recolhimento interior* para darmos sentido, serenidade e força ao nossos dias.

Quem conhece bem o Evangelho sabe que, nesta cena, Deus não fala – como alguns pensaram – de um antagonismo ou incompatibilidade entre "vida contemplativa" e "vida ativa". Nós aprendemos, a partir do exemplo de Jesus – dos seus trinta anos de vida em família e de trabalho em Nazaré –, que o ideal é fundir em harmonia as duas coisas: oração e trabalho, ação e adoração. No entanto,

18. Sentada aos pés do Senhor

isso fica impossível se não cultivamos o espírito de recolhimento.

É muito fácil dispersar-se (que é o contrário de recolher-se) e criar confusão na alma. Acho oportuno citar umas palavras muito claras que Romano Guardini teceu em seu livro *Introdução à oração*: "Em face do homem disperso experimenta-se muitas vezes uma sensação curiosa. Encontra-se sempre vibrando por alguma coisa, a caminho de algum objetivo ou atarefando-se em algum empreendimento, mas, logo que abranda essa tensão, torna-se um ser vazio e apático. Quando não existe um objeto que o impressione, algum estímulo que o empurre ou algum incentivo que o acorde, toda a sua atividade afunda-se de vez, e apenas existe nele um surpreendente vazio".

Muitos séculos antes, São Gregório Magno pregava: "Enquanto nossa alma se dissipar em imaginações mundanas, jamais será capaz de contemplar, de orar..., porque a cegam tantos obstáculos quantos são os pensamentos que a trazem e a levam. Por isso, o primeiro degrau para que a alma chegue a contemplar o Deus invisível é recolher-se em si mesma".

Como nos faz falta o recolhimento íntimo, alguns momentos diários de silêncio, para poder escutar a voz de Deus, sintonizar com o Coração de Cristo e conversar com Ele!

O profeta Elias foi convocado pelo Senhor para falar com Ele no monte Horeb. Quando chegou, passou a noite numa caverna, até que ouviu a voz de Deus: *"Sai e conserva-te em cima do monte, na presença do Senhor: ele vai passar"*. Veio então um vento violento; depois, um forte tremor de terra; depois, um fogo ardente... Mas Deus *não estava naquele vento,* nem no terremoto, nem no fogo. Depois de o fogo passar, tudo ficou em silêncio e, então, *ouviu-se o murmúrio de uma brisa suave.* Lá estava Deus. *Non in commotione Deus* (1 Rs 19, 8-18).

É preciso o silêncio para ter encontros íntimos com Deus. Todos nós, agitados como Marta, suportamos um turbilhão de pensamentos e sentimentos, que são como um enxame de abelhas dentro da cabeça. Deus nos pede calma, pausa, alguns momentos diários de silêncio, dedicados exclusivamente a Ele: leituras, meditação, adoração, orações...

Muitos conseguem esses tempos de recolhimento indo à igreja, participando de uma Missa ou permanecendo silenciosamente orante diante do sacrário. Muitos o fazem também em casa, bem no começo do dia, à noite ou em outros momentos oportunos...

Uma alma contemplativa – um cartuxo – escrevia: "A luz entra apenas nas almas pacíficas. A tranquilidade é a primeira disposição necessária para se tornarem transparentes as profundezas do espírito. A arte de contemplar as coisas divinas é uma arte calma". Façamos propósitos concretos de reservar

18. SENTADA AOS PÉS DO SENHOR

para Deus esses horários de quietude e silêncio de que falávamos.

Oxalá se gravassem na nossa alma estas palavras que Bento XVI pronunciou no segundo domingo da Quaresma de 2007: "Queridos irmãos e irmãs, a oração não é algo acessório ou opcional, mas uma questão de vida ou morte".

19.
Simão, dormes?
(Mc 14, 32-38)

Nós nunca estamos sós. Cristo está sempre perto de nós. Por isso, a profecia de Isaías deu-lhe o nome de Emanuel, *Deus conosco* (Mt 1, 23). No dia da Ascensão, Ele mesmo prometeu estar conosco *todos os dias, até o fim dos séculos* (Mt 28, 20).

Ele está conosco sempre, mas nós podemos não estar com Ele. Foi isso o que aconteceu na Oração no Horto, primeiro passo da Paixão do Senhor.

Chegaram a uma propriedade chamada Getsêmani. Jesus disse aos discípulos: "Sentai-vos aqui, enquanto eu vou orar". Levou consigo Pedro, Tiago e João, e começou a sentir pavor e angústia. Jesus então lhes disse: "Sinto uma tristeza mortal! Ficai aqui e vigiai!".

Jesus, afastado deles *à distância de um arremesso de pedra* (Lc 22, 41), entrou numa oração intensíssima, numa luta de amor que O levou a suar sangue enquanto se entregava com toda a alma, com todas as forças, à vontade redentora do Pai: *Seja feito não o que eu quero, mas o que tu queres.*

O Evangelho continua: *Quando voltou, encontrou os discípulos dormindo. Então disse a Pedro: "Simão, dormes? Não foste capaz de ficar vigiando uma hora comigo? Vigiai e orai, para não cairdes em tentação".*

Se você conhece o Evangelho, deve lembrar a insistência com que Jesus repisou, a propósito de vários fatos e ensinamentos, a necessidade de "vigiar", de permanecermos vigilantes.

Estar vigilantes ou em vigília é o contrário de estar dormindo. O símbolo da alma vigilante é o daqueles servidores que, *com o cinto amarrado e as lâmpadas acesas, estão esperando o seu senhor voltar de uma festa de núpcias, para lhe abrir a porta logo que chegar e bater.*

Esse senhor é Deus, é Cristo. Estar cingido, para os que usavam túnicas longas até para dormir, significava estar pronto para o trabalho. E ter lâmpadas acesas nas mãos equivalia a ver com clareza a realidade, o caminho a seguir.

Jesus disse: *"Felizes os servidores que o Senhor achar acordados quando chegar* (Lc 12, 35-38). Essa chegada, símbolo das inspirações e graças com que Deus bate à porta do nosso coração, pode ser a qualquer hora de qualquer dia.

"Dormir" espiritualmente é ter a luz da fé e da oração apagada; é também estar relaxado, mole, sem autodomínio, sem mortificação. Um dia, a chegada do Senhor que bate à porta será a última. Mas todas as chegadas intermediárias – que são muitas – deveriam nos encontrar vigilantes.

Pela segunda vez, pela terceira vez, Jesus foi ao encontro daqueles três discípulos no horto e os encontrou de novo dormindo. Repetiu-lhes: *Vigiai e orai.*

Isso que Jesus está dizendo agora a você e a mim não nos abre os olhos? É como se nos falasse: "Tu, após tantas graças que te dei, continuas cochilando, adormecido passivamente na tua vida cristã? Que fazes?".

Que vergonha seria se tivéssemos de responder: "Nada!". "E o teu amor, onde está?", poderia retrucar Jesus. "Eu te amei *até o extremo...* (Jo 13, 1). E tu?". Nós, de cabeça baixa, olhamos para o crucifixo e ficamos calados.

Não acha que já é tempo de levarmos a sério São Paulo? *Já é hora de despertardes do sono... O dia vem chegando: abandonemos as obras das trevas e vistamos as armas da luz* (Rm 13, 11-12).

Esse sono espiritual tem um nome: chama-se *tibieza*, triste estado da alma que é uma fusão da preguiça com a mediocridade espiritual. Na vida espiritual tíbia pode-se encontrar qualquer coisa menos uma: o amor.

Disso fala Jesus, de maneira impressionante, nas cartas que ditou a São João no seu desterro na ilha de Patmos – sete cartas que se encontram no início do livro do Apocalipse. À igreja da cidade de Laodiceia, manda dizer: *Conheço a tua conduta. Não és nem frio nem quente. Oxalá fosses frio ou quente! Mas porque és morno, nem frio nem quente, estou para te vomitar da minha boca* (Ap 3, 14-16).

Em outra mensagem, dirigida à igreja de Éfeso, Jesus fala como um apaixonado traído: *Conheço a tua conduta, o teu esforço e a tua constância... Sofreste por causa do meu nome e não desanimaste. Mas tenho contra ti que abandonaste o teu primeiro amor! Lembra-te de onde caíste!* (Ap 2, 2-5).

A você e a mim, que talvez nos pareçamos com esses retratos que Cristo faz, pode fazer-nos muito bem meditar devagar, bem devagar, ponto por ponto, estas palavras de São Josemaria Escrivá: "És tíbio se fazes preguiçosamente e de má vontade as coisas que se referem ao Senhor; se procuras com cálculo ou 'manha' o modo de diminuir os teus deveres; se só pensas em ti e na tua comodidade; se as tuas conversas são ociosas e vãs; se não aborreces o pecado venial; se ages por motivos humanos" (*Caminho*, n. 331).

20.

Voltando-se Jesus,
fixou o olhar em Pedro

(Lc 22, 54-62)

No capítulo anterior, víamos Pedro dormindo. Neste, nós o veremos acordado, mas talvez pensemos: "Teria sido melhor que continuasse a dormir!".

Jesus já tinha sido preso no Horto de Getsêmani. Amedrontados e desarmados, os discípulos fugiram. Pedro também, mas não se resignou a perdê-Lo de vista. Por isso, foi *seguindo de longe* os que levavam Jesus manietado, acorrentado, quase que arrastado, até a casa do sumo sacerdote.

Com a ajuda de um discípulo anônimo, conhecido daquelas autoridades, conseguiu entrar no pátio da casa. *Acenderam uma fogueira no meio do pátio e sentaram-se ao redor. Pedro sentou-se no meio deles.* Tratava-se de uma turma de servidores do palácio: guardas, soldados, a porteira, criados e empregadas.

Ora, uma criada viu Pedro sentado perto do fogo, encarou-o bem e disse: "Este aqui também estava com ele". Mas ele negou: "Mulher, eu nem o conheço!". Pouco depois, um outro viu Pedro e disse: "Também tu és um deles". Mas Pedro respondeu: "Não, homem, eu não!". Passou mais ou menos uma hora, e um outro insistia: "Certamente, este aqui também estava com ele, pois é galileu". Mas Pedro respondeu: "Homem, não sei do que estás falando". E enquanto ainda falava, o galo cantou.

Da primeira vez em que negou Jesus, Pedro poderia ter tomado consciência da sua fraqueza e saído prudentemente dali. Mas achou-se capaz de enfrentar a situação e acabou caindo lamentavelmente mais duas vezes, como o próprio Jesus lhe tinha anunciado quando Pedro prometera: *Ainda que seja preciso morrer contigo, eu não te negarei* (Mt 26, 35). Ao falar isso, o bom Pedro, o Pedro afetuoso e emotivo, dizia sinceramente o que sentia. No entanto, não se conhecia a si mesmo.

A narração de São Lucas continua de maneira comovente: *Enquanto ainda falava* – como víamos, trata-se da terceira negação –, *o galo cantou. Então o Senhor, voltando-se, fixou o olhar em Pedro. E Pedro*

20. Voltando-se Jesus, fixou o olhar em Pedro

lembrou-se da palavra que o Senhor lhe tinha dito: "Hoje, antes que o galo cante, três vezes me negarás". Então Pedro, saindo para fora, chorou amargamente.

O olhar de Jesus não foi de censura. Foi um olhar de carinho entristecido, que falava por si: continha toda a inesquecível história daqueles três anos de amizade, bondade e amor em que Pedro seguira Cristo de perto, como discípulo de máxima confiança. E tudo era tão claro que a Pedro se lhe partiu o coração: "Jesus, Jesus! Como posso ter esquecido, por um instante de medo, tanta grandeza divina e humana?". Desta dor pelo amor traído, brotou um mar de lágrimas que lhe inundou a alma.

Pedro não chorou pela humilhação de ter falhado, de se ver fracassado; chorou por aquela dor que São Josemaria descrevia assim e que já transcrevemos anteriormente: "Dor de Amor. – Porque Ele é bom. – Porque é teu Amigo, que deu a sua Vida por ti. – Porque tudo o que tens de bom é dEle. – Porque o tens ofendido tanto... Porque te tem perdoado... Ele!... a ti! – Chora, meu filho, de dor de Amor" (*Caminho*, n. 436).

Essa dor – as lágrimas de arrependimento por amor – sempre nos salva, faz-nos reviver, por maior que tenha sido a ofensa. As lágrimas contritas de Pedro marcaram o início de uma fidelidade que duraria até a morte. Ele viveu, sem um retrocesso, aquilo que depois disse a Jesus ressuscitado, junto do lago de

Genesaré: *Senhor, tu sabes tudo; tu sabes que eu te amo* (Jo 21, 17).

Está vendo? Pensemos agora em Jesus fixando seus olhos em nós. Sem palavras, podemos estar certos de que nos está dizendo, só com o olhar: "Da contemplação das falhas e da dor de Pedro, tira lições decisivas. Não esqueças, como ele, a tua fraqueza. Não me sigas – como ele – de *longe*, enquanto permaneces temerariamente *perto* do perigo, à beira da tentação".

Talvez acrescente: "Percebes a importância vital que tem, para o cristão, a dor de amor? Entendes por que deves valorizar o exame de consciência diário e pedir perdão todos os dias pelas tuas faltas com dor, amor e esperança? Estás captando o valor imenso que tem a confissão para te manteres fiel ao meu amor?".

21.
Hoje estarás comigo
(Lc 23, 39-43)

Um dos malfeitores suspensos à cruz o insultava, dizendo: "Não és tu o Messias? Salva-te a ti mesmo e a nós". Mas o outro, tomando a palavra, o repreendia: "Nem sequer temes a Deus, estando na mesma condenação? Quanto a nós, é de justiça; recebemos o castigo que as nossas ações mereciam; mas ele não fez mal algum. E acrescentou: "Jesus, lembra-te de mim quando estiveres no teu reino". Ele respondeu: "Em verdade te digo, hoje estarás comigo no Paraíso".

Com poucas palavras, esta passagem da Paixão de Cristo diz muitas coisas.

Hoje estarás. Nunca lhe passou pela cabeça que, ao "bom ladrão" – a quem a tradição deu o nome de

O AMOR NOS VÊ

Dimas –, o Céu lhe saiu muito barato? Um pedido, uma resposta e... em questão de poucas horas, o Paraíso.

Se pensa assim, é porque você não abriu os olhos da alma para saborear os frutos espirituais que se escondem nessa passagem do Evangelho.

Os dois bandidos – que, para maior humilhação de Jesus, constituíam, à direita e à esquerda, a sua "escolta" – são chamados "ladrões" por São Mateus e "malfeitores" por São Lucas (cf. Mt 27, 38; Lc 23, 32). Nada tinham de inocentes.

O suplício da cruz a que estavam submetidos era um dos mais cruéis da Antiguidade. Como é lógico, estavam furiosos porque a execução de sua sentença havia sido adiantada para melhor escarnecer de Jesus, tornando-O companheiro de criminosos comuns. O Evangelho mostra que ambos sentiam raiva de Cristo: *Até os ladrões, que foram crucificados junto com ele, o insultavam* (Mt 27, 44). Faziam coro à saraivada de insultos e zombarias que acompanharam a agonia do Salvador.

Num dado momento, porém, ouviu-se a voz de Jesus que orava: *Pai, perdoa-lhes, porque não sabem o que fazem!* (Lc 23, 34). Aquelas palavras atingiram como uma seta de fogo o coração de Dimas. Ouvir aquilo de uma pessoa que todos tinham como homem de Deus, que chamavam de Mestre bom, que só fizera o bem a todos e que tinha sido condenado injustamente por inveja e ódio... Ouvir isso, dizia,

21. Hoje estarás comigo

abalou a alma de Dimas. Ver um inocente, um homem santo, capaz de perdoar a brutal infâmia com que o matavam! Aquele amor que perdoa não era humano; tinha uma dimensão divina!

Essa oração de Cristo, depois de lhe abalar a alma, levou Dimas a abrir-se à graça da fé. Já não diria, como seu enfurecido companheiro, *se tu és o Messias.* Já tinha um "sim" – "tu és!".

A humildade penitente com que reconheceu que *nós recebemos o castigo que as nossas ações mereciam* foi um primeiro passo. A confiança total com que disse: *"Jesus, lembra-te de mim quando estiveres no teu reino"*, já é um verdadeiro ato de fé, impregnado de confiança e afeto admirado. Já se disse muitas vezes que o bom ladrão roubou o coração de Jesus e, com isso, o Céu.

Mas não é só isso. Lembre-se de que o bom ladrão estava no terrível tormento da sua cruz e que o aceitava com humildade – *"nós merecemos isto"* –, tanta humildade que, esquecido de seus padecimentos, só olhava, cativado, para o incrível mistério de amor que via em Jesus crucificado.

Com isso, ele nos deu uma lição extraordinária que, se a aprendermos, nos levará àquela paz e alegria que – como dizia Jesus na Última Ceia – *ninguém nos poderá tirar* (Jo 16, 22): a lição de que a cruz, por pesada que seja, se aceita por amor a Cristo e em união com Ele, se padecida para a nossa purificação

O AMOR NOS VÊ

e a salvação do mundo, tornar-se-á leve, e ficaremos intimamente unidos a Jesus no ato máximo do seu amor, quando dá a vida pelo bem dos outros.

Cristo sofreu por vós – escreveu São Pedro –, *deixando-vos o exemplo, para que sigais os seus passos* (1 Pd 2, 21). Por Cristo, com Cristo e em Cristo, a dor pode transformar-se num tesouro divino.

22.
Eis a tua Mãe
(Jo 19, 25-27)

São João estava ao pé da Cruz, junto de Maria, nos últimos instantes da vida terrena de Cristo. Viveu, naquela hora, o que descreve no seu Evangelho: começa dizendo que *junto da Cruz de Jesus estava sua Mãe*, acompanhada de algumas santas mulheres. "Estava". Ele emprega um verbo que (tanto no original grego como na tradução latina) significa, fisicamente, "estar de pé" e, moralmente, "permanecer firme".

A Mãe, transida de dor, une-se ao sacrifício salvador do Filho. Os olhos dela, entre lágrimas silenciosas, dirigem-se ao seu Jesus, àquele rosto desfigurado, àquele corpo dilacerado, às mãos e aos pés atravessados por pregos, cravados brutalmente ao madeiro.

O AMOR NOS VÊ

Ao mesmo tempo, a dor abre-lhe um fluxo de recordações e revive, como num instantâneo, as lembranças de Jesus Menino, nascendo desamparado em Belém, sem mais aconchego que o carinho dela e de São José. Revive o drama da fuga para o Egito, quando escapava da perseguição de Herodes. E o recomeço de vida em Nazaré, onde – durante perto de trinta anos – vira o filho *crescer em sabedoria, em estatura e em graça, diante de Deus e dos homens* (Lc 2, 52). Quantas lembranças, quantas horas felizes naquele inesquecível lar de Nazaré!

Sim, no lar de Nazaré, o "mundo" de Maria era a vida do Filho. E agora... Agora o Filho crucificado, pouco antes de expirar, abaixa os olhos e os fixa ternamente nos dela. Depois os pousa nos de João, que está a seu lado. Com muito custo, quase sem poder respirar, *Jesus disse a sua mãe: "Mulher, eis aí o teu filho". Depois disse ao discípulo: "Eis aí a tua mãe". E, desde aquela hora, o discípulo a recebeu em sua casa* (Jo 19, 26-27).

As palavras de Jesus são expressão de sua última vontade: são um verdadeiro "testamento". E nós menosprezaremos o tesouro que nos lega, amorosamente, instantes antes de morrer? Nessa agonia final, Jesus não fala por falar. Diz exatamente o que quer dizer: quer que a sua Mãe assuma a missão de ser Mãe nossa e que nós, os discípulos, como João, assumamos a felicidade de ser seus filhos, levando-a para casa como parte central do nosso lar, da nossa vida.

22. Eis a tua Mãe

São Paulo via a Igreja como *corpo de Cristo* (Ef 2, 22-23) e como *família de Deus* (Ef 3, 19). Maria é a Mãe do "Cristo total", expressão usada por Santo Agostinho para falar do Corpo Místico de Cristo, do qual Ele é a Cabeça e nós os membros (1 Cor 12, 27). É a Mãe de uma grande família: a Igreja, família de Deus.

Depois disso, alguém duvidará de que a nossa relação com Nossa Senhora tem de ser uma relação filial, de muita proximidade, carinho e confiança? "Mãe", podemos dizer sempre, "sei que tu me amas muito e que, por mais que eu descambe como a ovelha perdida, sempre acharei, recorrendo a ti, o olhar doce da mãe que me estende sua mão para me ajudar a voltar como o filho pródigo".

Como escreveu São Josemaria, "a Jesus sempre se vai e se 'volta' por Maria" (*Caminho*, n. 495). Ela sempre nos leva a Jesus. Além disso, não se esqueça de que Jesus a quis junto de si no Céu, glorificada em corpo e alma, e que dali ela nos está acompanhando com olhar e ternura de Mãe.

Façamos nossa, então, a bela oração que, no século quarto, Santo Efrém, o Sírio, compôs para Nossa Senhora: "Ó Maria, Virgem puríssima e imaculada, Mãe de Deus e Senhora nossa, cheia de bondade. Por vós, nós retornamos à paz e à graça de Deus. Vós sois a advogada dos pecadores e o porto seguro dos náufragos. Vós sois a consolação do mundo, o resgate dos cativos, a alegria dos enfermos, o alívio dos aflitos, o refúgio, a saúde do mundo inteiro. Ó grande Rainha! Mãe de Deus! Cobri-nos com as asas da vossa misericórdia, tende piedade de nós".

23.
Levaram o meu Senhor
(Jo 20, 11-16)

São João conta que, no dia da ressurreição de Jesus, três das santas mulheres (cf. Lc 24,10) e, depois, Pedro e João avisados por elas, ficaram totalmente desnorteados ao ver o sepulcro de Jesus aberto e vazio. Uma das três que tiveram este sobressalto, imaginando que o corpo de Jesus havia sido roubado, foi Maria Madalena. Tinha ido ao sepulcro ao romper do dia, correra para avisar os apóstolos, correra de novo para o sepulcro e lá ficara, do lado de fora, chorando sem parar.

Debruçando-se para dentro, viu dois anjos vestidos de branco, um à cabeceira e outro aos pés, onde jazera o corpo de Jesus. Disseram-lhe eles: "Mulher, por que choras?". "Porque levaram o meu Senhor, respondeu, e não sei onde o puseram".

Dito isso, voltou-se para trás e viu Jesus de pé, mas não sabia que era Jesus. Disse-lhe ele: "Mulher, por que choras? A quem procuras?". Pensando que era o hortelão, ela lhe disse: "Senhor, se tu o levaste, dize--me onde o puseste e eu irei buscá-lo". Disse-lhe Jesus: "Maria!". Ela, voltando-se, disse-lhe: "Rabbuni!" – que quer dizer "Mestre". Jesus disse-lhe: "Não me seguras (vê-se que se tinha agarrado aos seus pés), *porque ainda não subi para o meu Pai. Mas vai dizer aos meus irmãos: "Subo para junto de meu Pai e vosso Pai, meu Deus e vosso Deus".*

Então, Maria Madalena foi correndo (naquela manhã, não parou de correr) anunciar aos discípulos, radiante de alegria: *"Eu vi o Senhor!".*

Nesta cena do Evangelho, como em tantas outras, há muita coisa a meditar. Agora, colocarei o foco apenas nestas palavras de Maria Madalena: *levaram o meu Senhor.*

O "meu Senhor" era tudo para ela. Não conseguia viver afastada dEle. Estava disposta a procurar o cadáver de Jesus – *"eu irei buscá-lo"* – para completar as últimas honras fúnebres que, na tarde de sexta-feira, não lhe tinham podido prestar.

Por que essa devoção sem limites? O único pormenor biográfico que o Evangelho nos conta sobre

23. LEVARAM O MEU SENHOR

a Madalena é que *dela saíram sete demônios* e que, junto de outras santas mulheres curadas por Cristo, servia Jesus e seus seguidores (Lc 8, 2).

Sete demônios! Talvez pudéssemos dar-lhes os nomes dos sete pecados capitais. O texto sagrado não conta quais os pecados de Madalena, mas sugere nela um domínio do Inimigo de Deus, que tiraniza as almas com a mentira e o orgulho, raiz de todos os pecados. "Sereis como deuses": essa foi a primeira tentação de Satanás na história humana e o primeiro tropeço dos nossos primeiros pais (cf. Gn 3, 5), um engano miserável que atira as almas no abismo da soberba e do egoísmo.

Jesus a libertou, Jesus a curou. No antro escuro da alma onde o demônio dominava como senhor supremo, Cristo, purificando-a, colocou o Seu amor e a Sua graça, transformou as trevas em luz, o egoísmo em doação e, assim, difundiu nela a paz e a alegria inefáveis que procedem da graça do Espírito Santo (cf. Gl 5, 22).

Quando o Espírito do Mal quer dominar uma alma, envolve-a, como um polvo maligno, nos tentáculos dos sete pecados capitais: orgulho, avareza, luxúria, ira, gula, inveja e preguiça. Com eles a amarra, a domina, torna-se seu senhor; e instila a mentira que lhe faz acreditar que é mais livre quando mais cede aos puxões desses sete tentáculos que a escravizam.

O AMOR NOS VÊ

Quando a alma abre os olhos e cai em si, se pede perdão e estende as mãos para Cristo, é libertada das correntes desses sete pecados e ganha as asas das sete virtudes: fé, esperança, caridade; prudência, justiça, fortaleza e temperança. Da morte espiritual passa para a Vida que nunca morrerá. Deus torna--se o seu Senhor, e o amor de Cristo passa a reinar em seus pensamentos, palavras e ações. Como dizia São Paulo aos colossenses: *Ele livrou-nos do poder das trevas e transferiu-nos para o Reino do Filho de seu amor, em quem temos a redenção e a remissão dos pecados* (Cl 1, 13-14).

É por isso, por ter saboreado essa conversão, essa felicidade, que Madalena agarrava com força os pés de Jesus, como se estivesse repetindo os versos do Cântico dos Cânticos: *Encontrei, afinal, o que a minha alma ama. Segurei-o e não o soltarei* (Ct 3, 4). Não é difícil imaginar Jesus, com um sorriso, dizendo-lhe: "Solta-me, não me segures! Calma! Ainda não vou para junto do Pai. Vocês ainda me verão durante muitos dias".

E agora Cristo vivo olha para nós como olhou para Maria Madalena e nos pergunta: "Qual é o teu senhor? Quem é que domina os teus pensamentos, os teus desejos, a tua imaginação, os teus anseios para o presente e o futuro...? Será que é o egoísmo, esse polvo que asfixia? Ou será o amor, o sinal de que te deixaste encontrar por Jesus?".

23. Levaram o meu Senhor

Oxalá você pudesse experimentar o que descrevia São Josemaria: "A alma rompe a cantar, porque se sente e se sabe olhada amorosamente por Deus a todas as horas" (*Em diálogo com o Senhor*, n. 41)!

24.
O último olhar de Jesus
(Lc 24, 45-53 e At 1, 6-11)

Esse último olhar deu-se no dia da Ascensão. É verdade que a humanidade de Cristo, tendo sido elevada nesse dia à glória da Trindade, já não podia ter nenhum "último olhar", pois continuaria a contemplar-nos sempre do Céu.

Todavia, no dia da Ascensão houve um "último olhar visível" de Cristo, um olhar concreto e localizado. Antes da Ascensão, Ele só "estava" num lugar – na casa de Nazaré, em Cafarnaum, em Betânia, no Templo... – e podia dizer aos discípulos, indicando com a mão os campos em volta: *Levantai os vossos olhos e vede os campos, que já estão brancos para a ceifa* (Jo 4, 35). Agora, no Céu, o olhar da

O AMOR NOS VÊ

sua humanidade glorificada funde-se com a visão de Deus: é um olhar que abrange o universo inteiro e cada uma das criaturas.

Vejamos o que São Lucas nos diz daquele derradeiro olhar palpável. Jesus ressuscitado apresentou-se aos discípulos *durante quarenta dias* (At 1, 3), a maior parte deles na Galileia. Finalmente, reuniu-os em Jerusalém e teve com eles a última refeição e as últimas palavras. Depois de lhes explicar o sentido da Redenção realizada na Cruz, *levou-os até junto de Betânia e, erguendo as mãos, os abençoou. Enquanto os abençoava, separou-se deles e elevou-se ao Céu* (Lc 24, 50-51), e *uma nuvem o ocultava a seus olhos* (At 1, 9). A nuvem que encobre é, em toda a Bíblia, o símbolo de uma realidade divina inacessível aos olhos e à lógica do homem.

Ao perderem de vista Jesus, os apóstolos, *depois de o terem adorado, voltaram a Jerusalém com grande alegria* (Lc 24, 52).

Erguendo as mãos, os abençoou. Vale a pena meditar no comentário de Bento XVI a essa cena. O terceiro volume de seu livro *Jesus de Nazaré* termina contemplando esse gesto de Cristo: "Jesus parte abençoando. Parte abençoando e, na bênção, Ele permanece. As suas mãos continuam estendidas sobre este mundo. As mãos abençoadoras de Cristo são como um teto que nos protege; mas ao mesmo tempo são um gesto de abertura que fende o mundo para

24. O ÚLTIMO OLHAR DE JESUS

que o Céu penetre nele e possa afirmar nele a sua presença... Na fé, sabemos que Jesus, abençoando, tem as mãos estendidas sobre nós. Tal é a razão permanente da alegria cristã".

Essas mãos estendidas sobre nós são apenas uma bênção ou nos dizem algo mais? Lendo os Evangelhos e os Atos dos Apóstolos, podemos captar esse "algo".

São João, testemunha presencial, conta-nos que, na primeira aparição de Jesus ressuscitado no Cenáculo, Ele disse aos apóstolos: *A paz esteja convosco. Assim como o Pai me enviou, também eu vos envio a vós* (Jo 20, 21). Quer dizer que Cristo lhes transmitiu a Sua própria missão para que dessem continuidade, como instrumentos seus, à sua obra redentora. Ele continuará agindo, por intermédio deles, até o fim do mundo.

Confirmando essa perspectiva, São Lucas escreve que poucos momentos antes da Ascensão o Senhor disse aos apóstolos: *"O Espírito Santo descerá sobre vós e dele recebereis a força. Sereis, então, as minhas testemunhas em Jerusalém, em toda a Judeia e Samaria, e até os confins da terra". Dito isto, elevou-se à vista deles* (At 1, 8-9).

São Marcos resume: *"Ide por todo o mundo, proclamai o Evangelho a toda criatura...". Eles saíram a pregar por toda parte, agindo com eles o Senhor* (Mc 16, 15.20). E São Mateus conclui assim seu Evangelho: *"Toda a autoridade"* – disse Jesus no dia da

Ascensão – *"me foi dada sobre o céu e sobre a terra. Ide, portanto, e fazei que todas as nações se tornem discípulos... Eis que eu estou convosco todos os dias até a consumação dos séculos!"* (Mt 28, 18-20).

Fiel a essa confiança e à missão dada por Cristo, em 12 de maio de 2010 Bento XVI dizia em Fátima, na cerimônia da bênção das velas: "No nosso tempo em que a fé, em vastas zonas da Terra, corre o perigo de se apagar como uma chama que já não recebe alimento, a prioridade que está acima de todas é tornar Deus presente neste mundo e abrir aos homens o acesso a Deus. Não a um deus qualquer, mas àquele Deus que falou no Sinai; àquele Deus cujo rosto reconhecemos no amor levado ao extremo (cf. Jo 13, 1), em Jesus Cristo crucificado e ressuscitado. Queridos irmãos e irmãs, adorai Cristo Senhor em vossos corações! (cf. 1 Pd 3, 15). Não tenhais medo de falar de Deus e de ostentar sem vergonha os sinais da fé, fazendo resplandecer aos olhos dos vossos contemporâneos a luz de Cristo [...]".

Com os braços estendidos, Cristo agora olha para nós, abençoa-nos e nos diz: "Essa missão também é tua, é a de todos os cristãos: homens e mulheres, jovens e anciãos".

Você não se sente atingido por essa chamada de Cristo? *"Ide pelo mundo inteiro!... Eu estou convosco todos os dias".* Imagine que Jesus nos olha e nos pergunta: "E tu, o que fizeste até agora? Quando começarás

24. O ÚLTIMO OLHAR DE JESUS

a levar a sério o meu amor, a fazer com que muitos outros o conheçam e o abracem? Quando te decidirás a fazer apostolado, percebendo que também sobre ti eu elevo as mãos, que te abençoo?".

Meditando nisso, São Josemaria, que ardia em zelo apostólico, escrevia:

Filhos de Deus. – Portadores da única chama capaz de iluminar os caminhos terrenos das almas, do único fulgor em que nunca se poderão dar escuridões, penumbras ou sombras.

O Senhor serve-se de nós como tochas, para que essa luz ilumine... De nós depende que muitos não permaneçam em trevas, mas andem por caminhos que levam até a vida eterna (*Forja*, n. 1).

Direção geral
Renata Ferlin Sugai

Direção de aquisição
Hugo Langone

Direção editorial
Felipe Denardi

Produção editorial
Juliana Amato
Karine Santos
Ronaldo Vasconcelos

Capa
Gabriela Haeitmann

Diagramação
Sérgio Ramalho

ESTE LIVRO ACABOU DE SE IMPRIMIR
A 15 DE SETEMBRO DE 2024,
EM PÓLEN BOLD 90 g/m².